Thayanne Gabryelle • Vilza Carla

3ª edição
São Paulo, 2021.

Dados Internacionais de Catalogação na Publicação (CIP)
(Câmara Brasileira do Livro, SP, Brasil)

Gabryelle, Thayanne
  Essa mãozinha vai longe : caligrafia 4 : ensino fundamental / Thayanne Gabryelle, Vilza Carla. -- 3. ed. -- São Paulo : Editora do Brasil, 2021.

  ISBN 978-65-5817-457-8 (aluno)
  ISBN 978-65-5817-458-5 (professor)

  1. Caligrafia (Ensino fundamental) I. Carla, Vilza. II. Título.

20-51257   CDD-372.634

Índices para catálogo sistemático:
1. Caligrafia : Ensino fundamental 372.634
Aline Graziele Benitez - Bibliotecária - CRB-1/3129

© Editora do Brasil S.A., 2021
Todos os direitos reservados

Direção-geral: Vicente Tortamano Avanso

Direção editorial: Felipe Ramos Poletti
Gerência editorial: Erika Caldin
Supervisão de arte: Andrea Melo
Supervisão de editoração: Abdonildo José de Lima Santos
Supervisão de revisão: Dora Helena Feres
Supervisão de iconografia: Léo Burgos
Supervisão de digital: Ethel Shuña Queiroz
Supervisão de controle de processos editoriais: Roseli Said
Supervisão de direitos autorais: Marilisa Bertolone Mendes

Supervisão editorial: Júlio Fonseca
Edição: Agueda del Pozo e Rogério Cantelli
Assistência editorial: Patrícia Harumi
Especialista em copidesque e revisão: Elaine Cristina da Silva
Copidesque: Gisélia Costa, Ricardo Liberal e Sylmara Beletti
Revisão: Alexandra Resende, Amanda Cabral, Andréia Andrade, Fernanda Almeida, Fernanda Prado, Flávia Gonçalves, Gabriel Ornelas, Mariana Paixão, Martin Gonçalves e Rosani Andreani
Pesquisa iconográfica: Isabela Meneses
Assistência de arte: Leticia Santos e Lívia Danielli
Design gráfico: Talita Lima e Gabriela César
Capa: Talita Lima
Edição de arte: Andrea Melo e Samira Souza
Imagem de capa: Claudia Marianno
Ilustrações: Bruna Ishihara, Camila de Godoy, Carolina Sartório, Danillo Souza, Saulo Nunes e Waldomiro Neto
Editoração eletrônica: NPublic/Formato Editoração
Licenciamentos de textos: Cinthya Utiyama, Jennifer Xavier, Paula Harue Tozaki e Renata Garbellini
Produção fonográfica: Cinthya Utiyama e Jennifer Xavier
Controle de processos editoriais: Bruna Alves, Carlos Nunes, Rita Poliane, Terezinha de Fátima Azevedo e Valeria Alves

3ª edição, 2ª impressão 2022
Impresso na Hawaii Gráfica

Rua Conselheiro Nébias, 887
São Paulo, SP – CEP 01203-001
Fone: +55 11 3226-0211
www.editoradobrasil.com.br

Sua mãozinha vai longe

Ó mãozinhas buliçosas!
Não me dão sossego ou paz,
Volta-e-meia elas aprontam
Uma reinação: zás-trás! [...]

Mas se chegam carinhosas
Quando querem me agradar
– Que delícia de mãozinhas!
Já não posso me zangar...

Não resisto às covinhas,
À fofura, à maciez
Das mãozinhas buliçosas:
Me derreto duma vez!

Tatiana Belinky. *Cinco trovinhas para duas mãozinhas.*
São Paulo: Editora do Brasil, 2008. p. 4, 12.

Ilustrações: Carolina Sartório

Currículos

Thayanne Gabryelle*

- Licenciada em Pedagogia.
- Especializada em Pedagogia aplicada à Música, Harmonia e Morfologia.
- Professora do Ensino Fundamental das redes particular e pública de ensino por vários anos.
- Professora de curso de formação de professores de 1º grau.
- Autora de livros didáticos na área de Educação Infantil e Ensino Fundamental.

*A autora Celme Farias Medeiros utiliza o pseudônimo Thayanne Gabryelle em homenagem a sua neta.

Vilza Carla

- Graduada em Pedagogia com habilitação em Orientação Educacional.
- Pós-graduada em Psicopedagogia.
- Autora da Coleção Tic-Tac – É Tempo de Aprender, de Educação Infantil, da Editora do Brasil.
- Vários anos de experiência como professora de crianças em escolas das redes particular e pública, nas áreas de Educação Infantil e Ensino Fundamental.

Quem tem asas

Passarinhos
São os mais coloridos
Dos anjinhos.

Passarinhos
São crianças.

Enquanto eles voam
Porque são o que são,
Elas podem voar
Com as asas
Da imaginação.

Lalau. *Zum-zum-zum e outras poesias*.
São Paulo: Companhia das Letrinhas, 2007. p. 8.

Este livro é de

Ilustrações: Carolina Sartório

Sumário

Coordenação visomotora 7-10

Alfabeto em letra cursiva 11-15

Alfabeto em letra de fôrma 16-19

Sílaba 20
Palavras monossílabas 21
Palavras dissílabas 22
Palavras trissílabas 23
Palavras polissílabas 24

Notações léxicas 26

Encontro vocálico 34
Ditongo 35, 38
Hiato 36, 38
Tritongo 37-38

Encontro consonantal 41-43

Dígrafo 44-46

Sílaba tônica 49
Oxítonas 50, 53
Paroxítonas 51, 53
Proparoxítonas 52-53

Sinais de pontuação 54-63

Frase 64-65

Substantivo 66
Substantivo próprio 66, 67, 69, 70
Substantivo comum 68-70
Substantivos primitivo e derivado 71
Substantivos abstrato e concreto 72
Substantivos simples e composto 73
Substantivo coletivo 74-76

Gênero do substantivo 80-83

Número do substantivo 84-86

Grau do substantivo 87

Adjetivo 88
Uniformes 89
Biformes 90

Grau do adjetivo 91

Numeral 93-94

Pronome 95-98

Verbo 99-100

Sinônimos e antônimos 101-102

Treinos ortográficos
s ou z 25
c ou ç 33
Palavras com lh 39
l ou lh 40
ch ou nh 47-48
x ou ch 77-79
Emprego dos sufixos ês, esa, ez, eza 92
Palavras com xa, xe, xi, xo, xu 103

Para ler e transcrever 104

Introdução à Língua Inglesa 111
Expressões 111-113
Familiares 114-115
Dependências da casa 116-117
Escola 118-121
Nome de animais 122-124
Cores 125-126
Números 127-128

Coordenação visomotora

- Cubra e leia o trava-língua. Treine, treine, treine, treine... até ficar fera! Depois, resolva o labirinto iniciando pela seta até chegar ao ponto.

Olha o sapo dentro do saco
O saco com o sapo dentro
O sapo batendo papo
E o papo soltando o vento.

Trava-língua.

- Observe os desenhos da boneca e do elefante. Depois, complete-os.

Ilustrações: Camila de Godoy

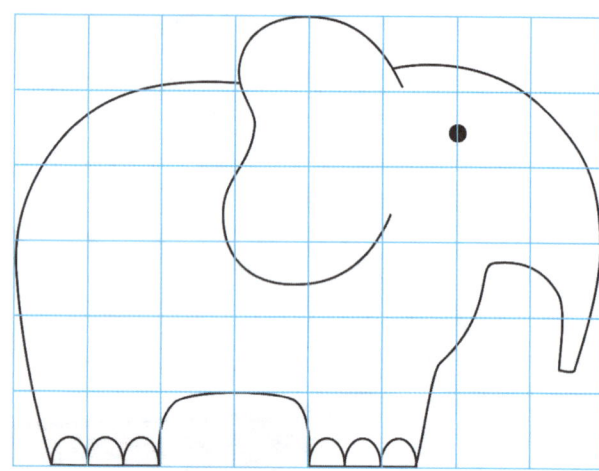

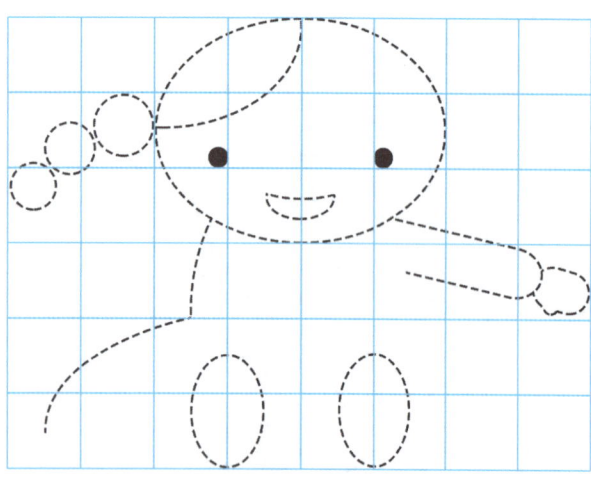
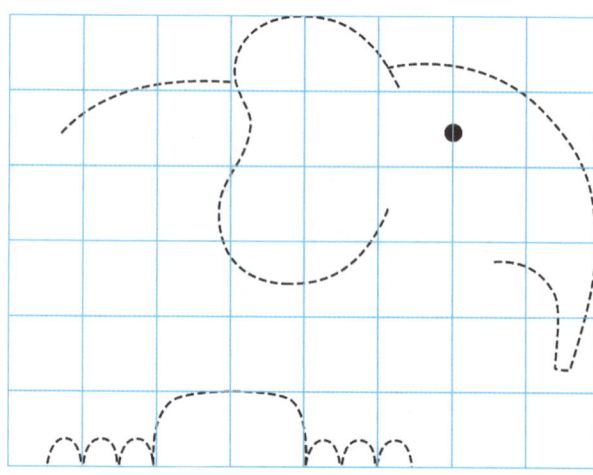

- Cubra o texto com capricho e leia-o. Depois, descubra qual caminho leva a libélula até o louva-a-deus e trace uma linha nele.

A libélula perdidinha
O louva-a-deus foi encontrar.
Que caminho complicado,
Será que ela vai chegar?

Texto escrito especialmente para esta obra.

- Pinte cada espaço da imagem de acordo com a legenda.

★ amarelo ◆ laranja ♥ marrom ▲ vermelho

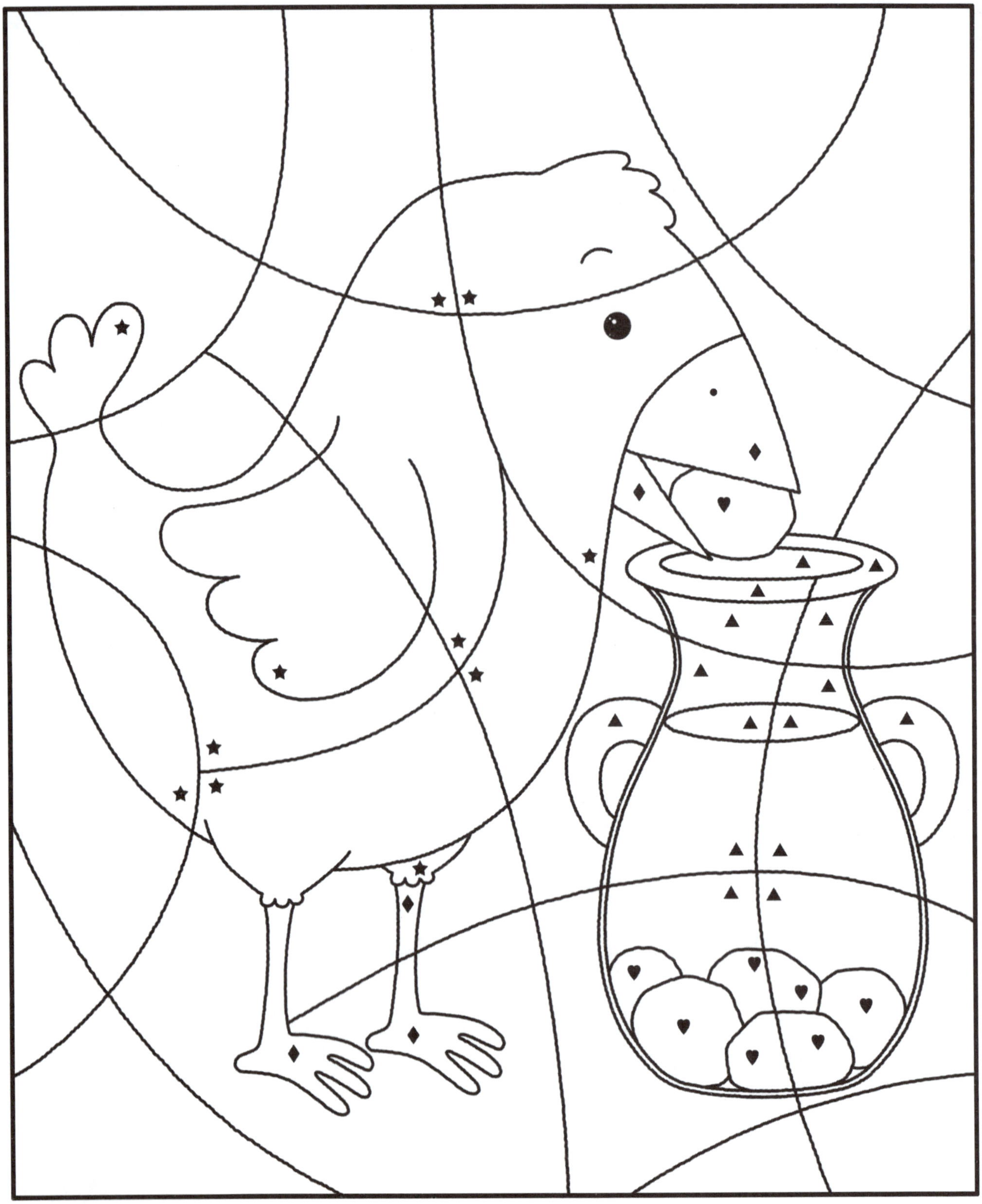

Camila de Godoy

Alfabeto em letra cursiva

- Cubra a parlenda com capricho. Depois, ligue as letras cursivas maiúsculas seguindo a ordem alfabética. Comece pela flecha e termine no ponto.

Com a escrevo amor,
Com b escrevo beijo,
Com c escrevo castelo
Castelo do meu desejo.

Parlenda.

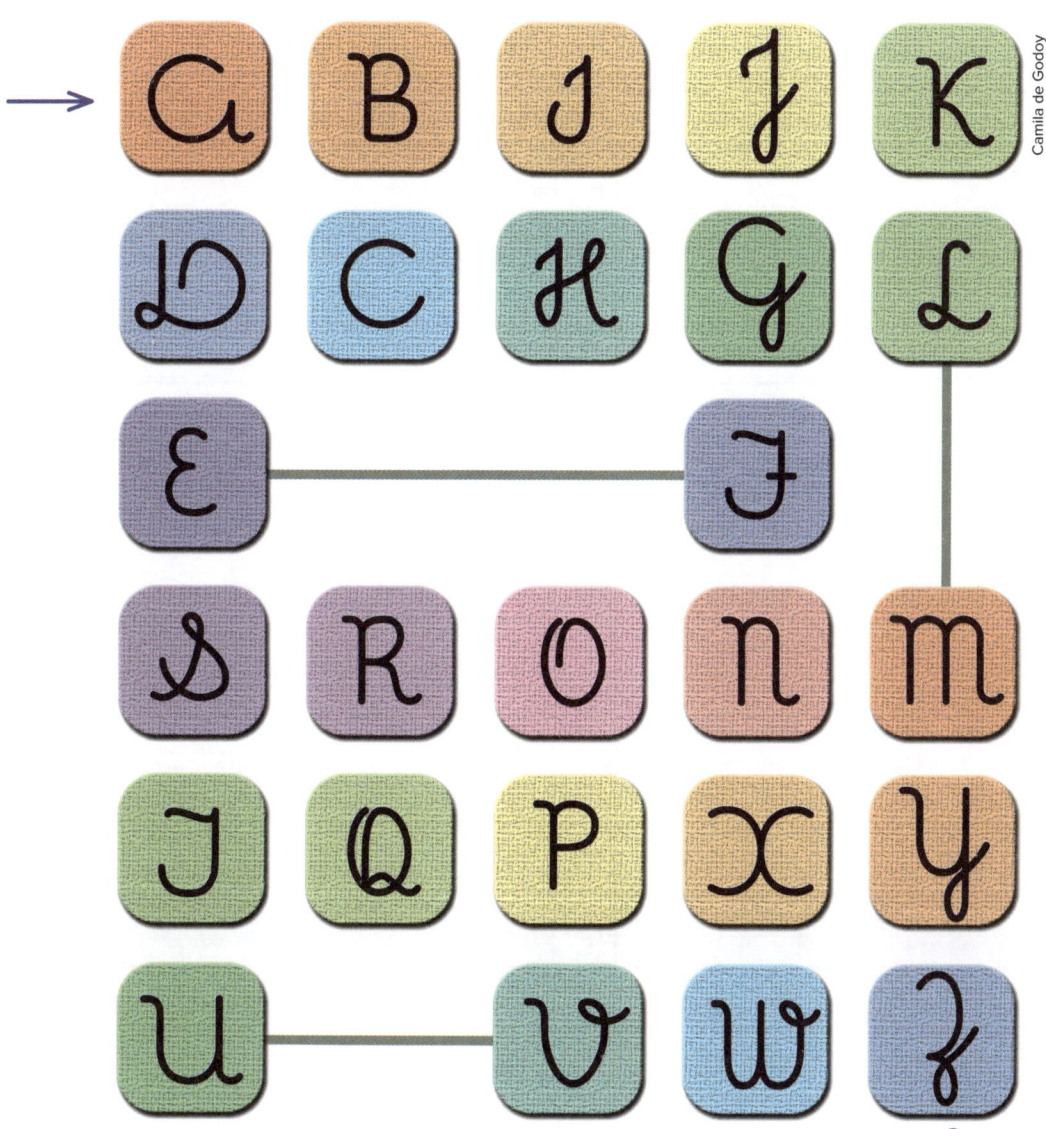

Camila de Godoy

- Continue a escrever o alfabeto maiúsculo e minúsculo em letra cursiva.

A	a
B	b
C	c
D	d
E	e
F	f
G	g
H	h
I	i
J	j
K	k
L	l

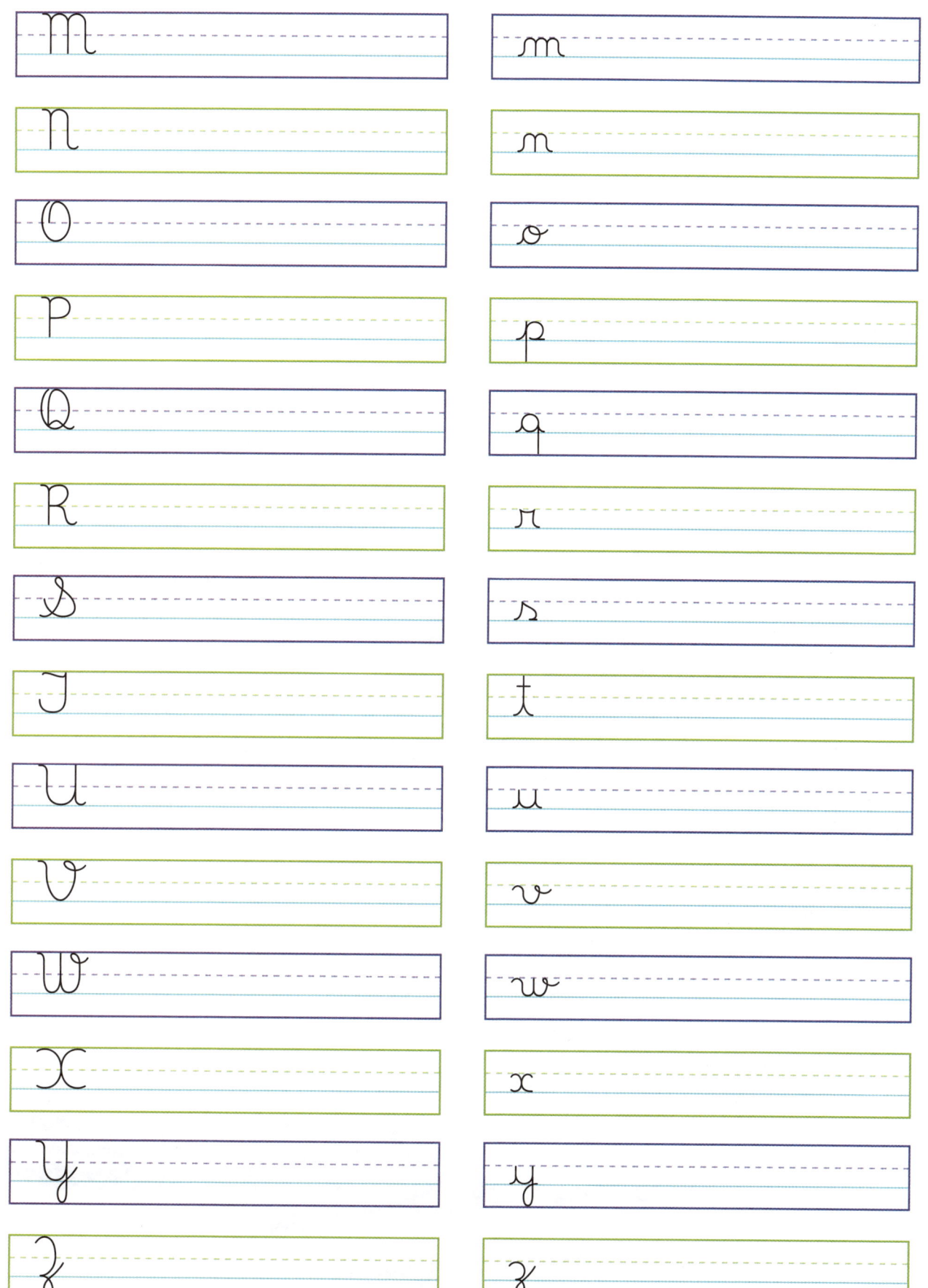

• Ajude o pássaro a voltar para o ninho passando pelo caminho em que as letras estão em ordem alfabética.

- Reescreva, em ordem alfabética, os nomes presentes em cada grupo.

a) Fábia – Caio – Daniel – Bruna

b) Júlia – Eduardo – Alice – Kliver

c) Lívia – Ivo – Hugo – Gabriela

d) Rosa – Miguel – Paola – Natan

e) Olga – Quitéria – Samuel – Vitor

f) Xisto – Wilma – Tiago – Zeca – Ygor

Alfabeto em letra de fôrma

Cubra o alfabeto e circule cada letra de acordo com a legenda.

○ vogal

○ consoante

A B C D E F
G H I J K L
M N O P Q R
S T U V W X
Y Z

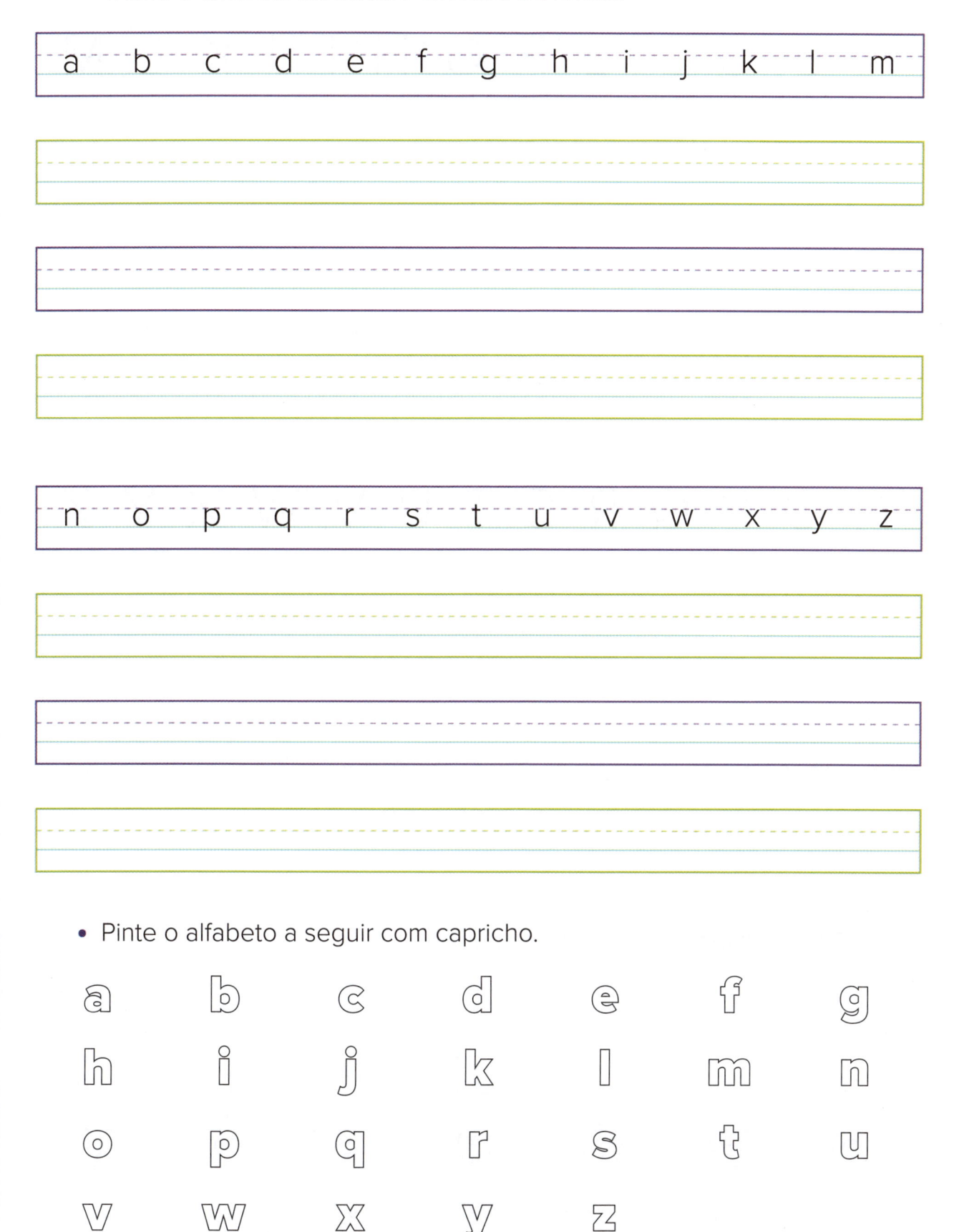

- Treine o alfabeto minúsculo em letra de fôrma.

a b c d e f g h i j k l m

n o p q r s t u v w x y z

- Pinte o alfabeto a seguir com capricho.

a b c d e f g
h i j k l m n
o p q r s t u
v w x y z

- Agora, treine o alfabeto maiúsculo em letra de fôrma.

A B C D E F G H I J K L M

N O P Q R S T U V W X Y Z

- Pinte o alfabeto a seguir como quiser.

A B C D E F G
H I J K L M N
O P Q R S T U
V W X Y Z

- Copie os provérbios com letra de fôrma maiúscula.

ANTES TARDE DO QUE NUNCA.

_____

DE GRÃO EM GRÃO A GALINHA ENCHE O PAPO.

_____

COBRA QUE NÃO ANDA NÃO ENGOLE SAPO.

_____

CÃO QUE LADRA NÃO MORDE.

_____

QUEM AVISA AMIGO É.

_____

QUEM TEM PRESSA COME CRU.

_____

Sílaba

> É o fonema (som) ou grupo de fonemas de uma palavra que é pronunciado de uma só vez.

- Pinte as sílabas que formam o nome de cada figura. Depois, escreva cada palavra formada na pauta.

bor	ta	bo
le	ba	li

mi	a	fe
jo	lo	nha

for	me	ga
fu	mi	go

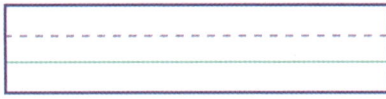

ga	nho	tu
fa	to	lho

lu	li	ba
bru	bé	la

lhi	bo	mi
ca	lu	nho

20

Palavras monossílabas

> A palavra que tem apenas uma sílaba é classificada como **monossílaba**.

- Em cada grupo a seguir, uma palavra não é monossílaba. Faça um **X** nela e transcreva as que são monossílabas.

sol / bom / mel / co-la / lar

ru-a / fim / sal / som / cor

bar / lei / lu-a / fé / pá

trem / mar / pão / pó / di-a

boi / chá / mel / pi-a / cão

Palavras dissílabas

> A palavra que tem duas sílabas é classificada como **dissílaba**.

- Encontre as palavras dissílabas escondidas no diagrama. Elas podem estar na vertical, na horizontal, na transversal, na diagonal e de trás para a frente. Depois, separe as sílabas das palavras nas pautas. A primeira já foi feita para você.

r	f	l	u	a	q	q	r	i
b	m	b	s	u	d	k	x	o
i	p	a	l	c	a	f	r	r
c	o	s	a	o	e	o	f	a
w	e	l	y	h	d	c	o	c
u	z	a	g	o	f	a	k	a
s	o	p	a	x	g	l	p	v

su-co

Palavras trissílabas

> A palavra que tem três sílabas é classificada como **trissílaba**.

• Escreva cada dupla de palavras nos quadrinhos, separando-as em sílabas e combinando uma delas. Veja o modelo.

a) abelha – agulha
b) boneca – caneca
c) serrote – martelo
d) verdura – câmera

a)

c)
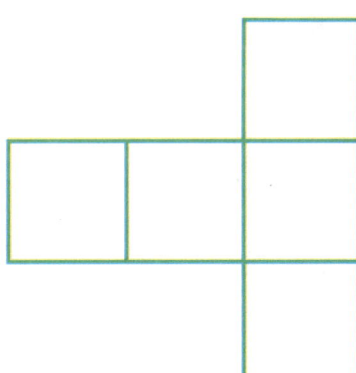

b)
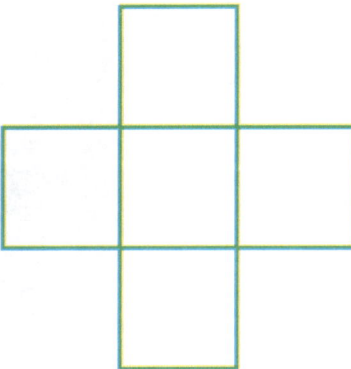

d)
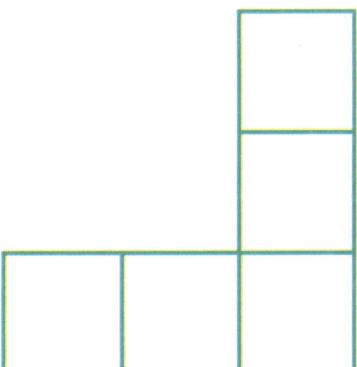

Palavras polissílabas

> A palavra que tem quatro ou mais sílabas é classificada como **polissílaba**.

- Leia a dica para cada item e escreva as palavras no diagrama. Mas atenção: escreva uma sílaba em cada quadrinho.

1. Pequeno pássaro.
2. Fruto do abacateiro.
3. Adora voar perto das flores.
4. Aparelho de comunicação a distância.
5. Feito de cacau, açúcar e várias substâncias aromáticas.
6. Mulher que ensina.
7. Mamífero de tromba grande.
8. Réptil de corpo oval envolvido por uma carapaça.

24

Treino ortográfico

s ou z

- Escreva as palavras substituindo o símbolo 🙂 por s ou z. Depois, separe as sílabas delas.

ca🙂a

te🙂oura

rapo🙂a

va🙂o

ro🙂a

blu🙂a

quin🙂e

co🙂inha

avi🙂o

mole🙂a

me🙂a

Notações léxicas

- Copie e aprenda algumas notações léxicas.

   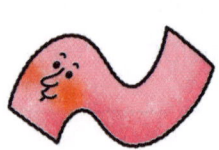  

Camila de Godoy

´ acento agudo

^ acento circunflexo

` acento grave

~ til

¸ cedilha

- hífen

Acento agudo

> O acento agudo ´ é usado sobre as **vogais a**, **e**, **o** para indicar som aberto.

- Cubra e leia o trava-língua. Depois, circule as palavras com acento agudo que aparecem nele.

Paralelepípedo para Lelé

Para Lelé
O paralelepípedo
Não para
Em pé
Para Lelé
O paralelepípedo
É louco de ré
Para Lelé
O paralelepípedo
É picolé.

Almir Correia. *Trava-língua, quebra-queixo, rema-rema, remelexo*. São Paulo: Cortez, 2008. p. 6.

Carolina Sartório

Acento circunflexo

> O acento circunflexo ^ é usado sobre as **vogais a**, **e**, **o** para indicar som fechado.

- Descubra no diagrama seis palavras com acento circunflexo e copie-as com letra cursiva nas pautas.

J	T	R	I	Â	N	G	U	L	O
A	R	J	A	H	A	F	R	D	A
M	N	D	U	V	L	U	Ô	E	M
B	Ô	J	Ê	H	Ô	L	Â	H	B
A	N	I	U	S	N	F	N	D	U
M	S	Q	S	M	I	P	B	Ê	L
B	U	I	Â	H	B	S	O	D	Â
O	B	C	R	Ê	U	F	R	Ô	N
L	P	E	U	A	S	Â	Ô	C	C
Ê	C	L	B	H	V	D	R	I	I
J	P	A	R	Ê	S	F	S	B	A

28

Acento grave

> O acento grave ` é usado sobre a **vogal a** para indicar a junção da preposição **a** com o artigo **a**.

- Junte a preposição **a** ao artigo **a** e reescreva as frases colocando o acento grave nessa vogal. Veja o modelo.

Ela foi a a festa.
Ela foi à festa.

Vou a a escola.

O menino foi chamado a a sala.

Você deve assistir a as aulas.

Til

> O til ~ é usado sobre as **vogais a** e **o** para indicar o som nasal.

- Cubra e leia o texto. Depois, sublinhe nele as palavras com til e faça frases para as palavras sublinhadas.

O gato do João

O João tem um gato brincalhão
que gosta de comer na mão
É um gatinho bem
bobinho,
o nome dele é Cidão
Não é branco nem preto
Nem cinza o gatinho do
João.

Roseana Murray. *Fardo de carinho*. Belo Horizonte: Editora Lê, 1995. p. 41.

Cedilha

> A cedilha ¸ é usada na letra **c** antes de **a**, **o** e **u**.

- Cubra o texto e leia-o.

Preguei um rabinho no c
E ficou uma maravilha!
Temos gente nova na família:

Agora o c
Tem som de s
Esse é o ç.

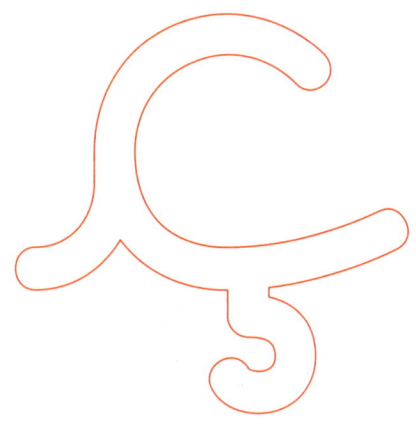

José Santos. *ABC quer brincar com você*. São Paulo: Companhia Editora Nacional, 2005. p. 6.

- Em cada grupo a seguir, uma palavra não é escrita com ç. Faça um **X** nela e transcreva as demais substituindo a estrela pelo ç.

po★o / balan★a / palha★o / va★ina

a★aí / ★inema / cora★ão / cal★ada

Hífen

O hífen - é empregado para:
- separar as sílabas de uma palavra;
- ligar os termos de palavras compostas;
- ligar o pronome ao verbo.

- Transcreva as frases substituindo as imagens pela palavra correspondente.

Treino ortográfico

c ou ç

- Complete o diagrama de palavras com o nome das figuras. Veja o modelo.

Encontro vocálico

> Duas ou mais vogais juntas em uma palavra formam um **encontro vocálico**.

- Leia o trecho do poema a seguir e circule os encontros vocálicos. Depois, escreva-o nas pautas.

Na praia

Vou à praia, vou ao mar,

vou ver sereia, baleia,

depois volto carregando

areia...

Renata Pallottini. *In*: Ruth Rocha. *Poemas que escolhi para as crianças*. São Paulo: Moderna, 2013. p. 38.

- Pesquise outras palavras com encontros vocálicos e escreva-as nas pautas.

Ditongo

> O encontro de duas vogais em uma mesma sílaba denomina-se **ditongo**.

- Faça desenhos para ilustrar as palavras e escreva-as nas pautas. Depois, separe as sílabas e pinte os quadradinhos em que há ditongos.

sabão

noite

limões

colmeia

cadeira

Hiato

> O encontro de duas vogais pertencentes a sílabas diferentes é um **hiato**.

- Pinte as palavras do diagrama que possuem hiato. Depois, escreva-as nas pautas e separe as sílabas nos quadradinhos.

s	c	r	l	u	a	c	b	k	c
o	a	x	j	c	v	o	e	z	o
u	n	v	p	o	b	e	t	h	r
b	o	m	v	i	o	l	a	e	o
n	a	i	o	i	ã	h	p	j	a
c	r	i	a	n	ç	a	u	i	l

36

Tritongo

> O encontro de três vogais pronunciáveis na mesma sílaba recebe o nome de **tritongo**.

- Cubra e transcreva as palavras. Depois, separe as sílabas e circule os tritongos.

iguais

Paraguai

enxaguou

saguão

quaisquer

desaguei

Uruguai

desiguais

averiguei

quão

- Copie as palavras juntando as sílabas e marque um **X** na alternativa em que há somente palavras com **ditongo**.

a) li-mão / a-çaí / na-da / vo-a / pei-xe ☐

b) bei-jo / cai-xa / cha-péu / sai-a / lei-te ☐

c) má-goa / quei-jo / ra-iz / vo-a / ba-ú ☐

- Agora, copie as palavras juntando as sílabas e faça uma ● nas alternativas em que há somente palavras com **hiato**.

a) Pa-ra-í-ba / sa-bi-á / pi-a-da / na-vi-o ☐

b) hi-a-to / i-guais / gê-nio / mo-e-da ☐

c) ál-co-ol / cu-ri-ó / jo-e-lho / sa-ú-de ☐

- Circule, nas atividades acima, as palavras escritas com tritongo.

38

Treino ortográfico

Palavras com lh

- Leia, ilustre e escreva nas pautas as palavras abaixo escritas com **lh**.

coelho	folha	olho
milho	espelho	talher
mulher	palhaço	toalha

l ou lh

- Complete a frase acrescentando a letra **h** na primeira palavra, conforme o modelo. Depois, copie a frase formada.

Vela não é ___velha___.

Vela não é velha.

Tela não é _____.

Galo não é _____.

Bola não é _____.

Mole não é _____.

Fila não é _____.

Encontro consonantal

É o encontro de duas consoantes que conservam seus fonemas (sons). Alguns grupos consonantais estão no início das palavras; por isso, são inseparáveis. Exemplos: **pn**eu, **ps**i-có-lo-go, **gn**o-mo.

- Encontre no diagrama 12 palavras escritas com encontro consonantal. Escreva-as nas pautas com letra cursiva e destaque cada encontro consonantal com um círculo. A primeira já foi feita para você.

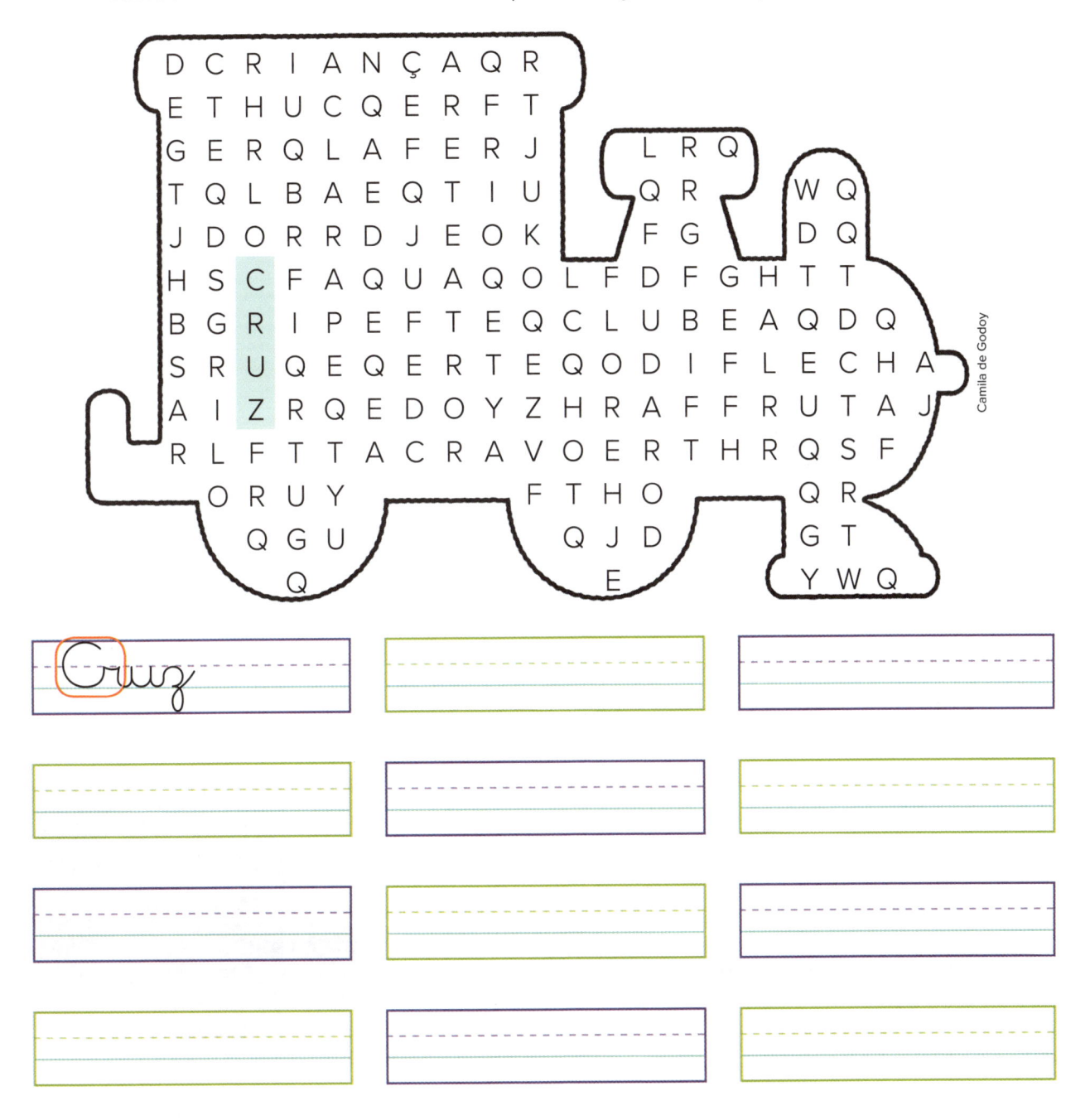

```
D C R I A N Ç A Q R
E T H U C Q E R F T
G E R Q L A F E R J      L R Q
T Q L B A E Q T I U      Q R      W Q
J D O R R D J E O K      F G      D Q
H S C F A Q U A Q O L F D F G H T T
B G R I P E F T E Q C L U B E A Q D Q
S R U Q E Q E R T E Q O D I F L E C H A
A I Z R Q E D O Y Z H R A F F R U T A J
R L F T T A C R A V O E R T H R Q S F
    O R U Y           F T H O       Q R
    Q G U             Q J D         G T
    Q                 E             Y W Q
```

Cruz

- Pesquise e escreva uma palavra para cada encontro consonantal.

bl
br
cl
cr

fl
fr
gl
gr

pl
pr
tl
tr

- Cubra e leia o texto. Depois, circule as palavras escritas com encontro consonantal e escreva uma frase com cada uma.

Nesta vida pode-se
Aprender três coisas
De uma criança:
Estar sempre alegre,
Nunca ficar inativo
E chorar com força
Por tudo o que se quer.

Paulo Leminski. *In*: Ruth Rocha. *Poemas que escolhi para crianças*. São Paulo: Moderna, 2013. p. 116.

Dígrafo

> **Dígrafo** é a união de duas letras que representam um só fonema (som).

- Ligue cada dígrafo à palavra correspondente. Depois, escreva as palavras com capricho nas pautas.

ch	torre
lh	sobrinho
nh	telha
rr	chuva
ss	piscina
sç	cresça
sc	pássaro
xc	ambulância
qu	máquina
qu	dengue
am	exceto

44

- Leia a parlenda e circule as palavras escritas com dígrafos. Depois, escolha três palavras circuladas e crie frases com elas. Por fim, pinte a ilustração.

A galinha pintadinha e o galo carijó.
A galinha veste saia e o galo, paletó.
A galinha ficou doente e o galo nem notou.
O pintinho inteligente foi chamar o seu doutor.
O doutor era o peru, a enfermeira era o tatu.
A agulha da injeção era a pena do pavão.

Parlenda.

- Cubra e ilustre o texto.

Pais

Eu não quero ser adulto
Pra perder o meu sorriso
E só ter preocupação
Visitando o meu juízo.

Eu prefiro ser criança
Pra sorrir e pra cantar
E só ficar chateado
Se eu não puder brincar!

César Obeid. *Criança poeta*: quadras, cordéis e limeriques.
São Paulo: Editora do Brasil, 2011. p. 9.

- Agora, transcreva do texto quatro palavras para cada coluna.

dígrafo	encontro consonantal

Treino ortográfico

ch ou nh

- Escreva as palavras substituindo o símbolo 🙂 por **ch** ou **nh**. Depois, separe as sílabas nos quadradinhos.

farinha

chulé

carinho

bicho

chifre

espinho

caminhão

bolacha

mandioca

sonho

chuveiro

- Leia, ilustre e escreva nas pautas as palavras com *ch* ou *nh*.

chinelo	chapéu	galinha
chave	dinheiro	rainha
aranha	joaninha	chocolate

Sílaba tônica

> A sílaba mais forte da palavra é a **sílaba tônica**.

- Pinte a sílaba tônica das palavras a seguir. Depois, escreva-as com capricho nas pautas.

ca	fe	zi	nho

ma	ra	cu	já

a	ni	mal

ca	ça	dor

re	tân	gu	lo

pi	râ	mi	de

lá	pis

a	bó	bo	ra

a	pa	ga	dor

ca	fé

49

Oxítonas

> Quando a sílaba tônica é a **última** sílaba, a palavra é chamada de **oxítona**.

- Leia as palavras e escreva a sílaba tônica de cada uma no quadrinho. Depois, escreva somente as oxítonas nas pautas, juntando as sílabas.

ba-lé   sa-pa-to   sa-po   a-ba-ca-xi

pá-li-do   ja-va-li   do-mi-nó   on-ça

sa-bi-á   ca-dei-ra   sor-ri-so chu-chu

Paroxítonas

> Quando a sílaba tônica é a **penúltima** sílaba, a palavra é chamada de **paroxítona**.

- Circule a sílaba tônica de cada palavra e assinale no quadrinho os grupos em que todas as palavras são paroxítonas. Depois, escreva nas pautas somente as palavras paroxítonas de cada grupo.

a) estômago / rápido / fazenda / grão ☐

b) caderno / túnel / barco / língua ☐

c) amigo / mesa / boné / felicidade ☐

d) róseo / tulipa / tênis / júri ☐

e) fácil / vírus / palito / paletó ☐

Proparoxítonas

> Quando a sílaba tônica é a **antepenúltima** sílaba, a palavra é chamada de **proparoxítona**.

- Leia as palavras e destaque a sílaba tônica de cada uma escrevendo-a no quadrinho. Depois, escreva somente as proparoxítonas nas pautas, juntando as sílabas.

mé-di-co   ja-ca-ré   mú-si-ca   ja-va-li

fá-bri-ca   cin-co   có-li-ca   fi-lho-te

ô-ni-bus   cri-an-ça   cha-mi-né   plás-ti-co

- Circule a sílaba tônica e escreva em que posição ela está. Depois, classifique as palavras conforme o modelo.

xo-(dó)	última	oxítona
nú-me-ro		
ca-chor-ro		
cha-mi-né		
sá-ba-do		
ca-bri-ta		
tri-cô		
ré-gua		
fós-fo-ro		
per-fu-me		
ma-mão		
má-gi-ca		
á-gua		
u-ru-bu		

Sinais de pontuação

- Escreva o nome dos sinais de pontuação nas pautas e, depois, ligue-os para fazer a correspondência.

ponto final

ponto de interrogação

ponto de exclamação

vírgula

dois-pontos

travessão

ponto e vírgula

!

?

.

-

,

:

;

Ponto final

> O **ponto final** . é usado para encerrar frases afirmativas ou negativas.

- Complete as frases com o ponto final e escreva-as nas pautas.

Beto escreveu o alfabeto ○

Bia foi à perfumaria ○

Samuel é irmão de Daniel ○

Tina vai à China visitar Catarina ○

A joaninha não é bobinha ○

Ponto de interrogação

> O **ponto de interrogação** ? indica uma pergunta.

- Cubra, leia e divirta-se com a piadinha. Depois, transcreva nas pautas apenas as frases em que há ponto de interrogação.

Menino faminto

A mamãe pergunta ao filho:
— Cadê a maçã que estava aqui na mesa?
O filho responde:
— Dei para um menino faminto.
A mamãe pergunta:
— Quem era esse menino?
E o garoto responde:
— Eu, mamãe.

Piada popular.

Ponto de exclamação

> O **ponto de exclamação** ! é usado em frases que indicam surpresa, espanto, admiração, grito, dor.

- Leia o texto e circule os pontos de exclamação que aparecem nele. Depois, escreva o texto com capricho nas pautas.

Que delícia!
Que gostoso!
O picolé cor-de-rosa
é delicioso!

Vamos aprender formas e cores.
Curitiba: Libris, 2013. p. 6.

Vírgula

A **vírgula** , indica uma pequena pausa na leitura. Também é usada para separar elementos em uma frase e na indicação de lugares, números e datas.

- Cubra as frases e coloque as vírgulas nos lugares corretos.

a) Nas datas

Brasília 26 de agosto de 2000.
Rio de Janeiro 28 de maio de 2015.
Recife 5 de fevereiro de 2021.

b) Nos endereços

Avenida São Jerônimo 322.
Praça dos Brinquedos 14.
Parque da Alegria 31 apartamento 2.

c) Nas sequências

Eu comprei maçãs cajus uvas e peras.
Acordo cedo me arrumo tomo café pego a mochila e vou à escola.
O gato acordou levantou olhou para Lia e saiu miando.

Reticências

As **reticências** ... indicam um pensamento interrompido, hesitação ou suspense. Também indicam trechos que foram suprimidos em um texto.

- Leia o texto e circule as reticências nele. Depois, copie-o com capricho.

A lula

A nadar no mar,
seguindo a maré.
Baila a lula,
até de marcha a ré.
Passos... giros... rodopios...
Se exibe no balé.

Texto escrito especialmente para esta obra.

- Observe a cena e escreva frases conforme o pedido.

a) Uma frase com uma ou mais vírgulas e ponto final.

b) Uma frase com ponto de interrogação.

c) Uma frase com ponto de exclamação.

- Reescreva os diálogos dos balões usando dois-pontos e travessão.

A borboleta disse para a flor:

- Leia o texto, copie-o e escreva nos quadros o nome dos sinais de pontuação de cada trecho.

O arauto ditou a ordem
E trouxe ao reino euforia:

— Todos, hoje, ao palácio
Para a festa à fantasia!

— O Rei escolheu seu traje
Em homenagem a outro rei.

Que roupa usará o monarca?
Isso nem eu mesmo sei.

Tino Freitas. *Com que roupa irei para a festa do rei?*
São Paulo: Editora do Brasil, 2019. p. 6-8.

Frase

> **Frase** é todo enunciado de sentido completo.
> Ao escrever uma frase, comece sempre com letra maiúscula e termine com o ponto adequado.

- Organize as palavras a seguir formando frases.

crescer ser Quando astronauta. quero

sentir faz que se você O feliz?

chorar pitangas! Pare de

estar Que meus incrível amigos! é com

risada. eu vezes dou Às tanta

gentil sou carinhoso. Eu e

- Escreva uma frase afirmativa, uma exclamativa, uma interrogativa e uma imperativa para cada figura. Observe o modelo.

O menino brinca com a bola.
Que bom brincar!
Quem é o dono da bola?
Joca, me passe a bola.

A senhora quer ajuda?

Substantivo

> **Substantivo** é a palavra usada para nomear pessoas, coisas, animais, lugares, sentimentos. Tudo tem nome.

Substantivo próprio

> **Substantivo próprio** indica uma só pessoa ou coisa de uma espécie ou tipo. Ao nomear pessoas, animais, lugares etc., esses nomes sempre são escritos com letra maiúscula.

- Escreva o nome de cada macaco nas pautas.

Xexéu   Chico   Caco

- Agora, escreva um nome para cada palhaço nas pautas.

- Cubra e leia a parlenda. Depois, circule e escreva nas pautas os três substantivos próprios que aparecem nela.

O rei mandou me chamar
Pra casar com sua filha.
Só de dote ele me dava
Europa, França e Bahia.
Me lembrei do meu ranchinho
Da roça, do meu feijão.
O rei mandou me chamar.
Ó seu rei, não quero, não!

Parlenda.

- Agora, dê um nome próprio para cada personagem.

Ilustrações: Camila de Godoy

Substantivo comum

- Escreva nas pautas substantivos comuns que sejam:

Nomes de objetos escolares

Nomes de brinquedos

Nomes de frutas

- Cubra as frases e, nas pautas, classifique os substantivos sublinhados em comum ou próprio.

a) O <u>Rio Amazonas</u> é um dos rios mais extensos do mundo.

b) Toda <u>criança</u> gosta de brincar.

c) <u>Mimi</u> é um gatinho manhoso.

d) O mar é o lar da <u>lagosta</u>.

e) Vamos viajar por todo o <u>Brasil</u>.

f) Minha tia mora na <u>Rua Flores do Campo</u>.

- Copie as palavras e marque um **X** nas alternativas em que há somente **substantivo comum**.

a) cidade / melão / Eva / joia / rua ☐

b) escola / carro / rio / camisa / gato ☐

c) menina / bolo / amor / dor / peixe ☐

- Agora, copie as palavras e marque uma ● nas alternativas em que há somente **substantivos próprios**.

a) Fortaleza / Maria / Dino / Mateus ☐

b) Rio Negro / Rua do Amor / Ana ☐

c) Vila da Luz / Joca / vela / maçã ☐

Substantivos primitivo e derivado

> **Substantivo primitivo** é aquele que dá origem a outras palavras.
> **Substantivo derivado** é aquele que se forma de outra palavra.

- Escreva dois substantivos derivados para cada substantivo primitivo a seguir.

sapato

flor

dente

fruta

livro

goiaba

leite

pão

formiga

Substantivos abstrato e concreto

Substantivo abstrato é aquele que se refere ao imaginário e sentimental, que não pode ser tocado e do qual não se pode formar uma imagem representativa.

Substantivo concreto, em contrapartida, é aquele que se refere ao que se pode tocar ou àquilo a que podemos atribuir uma imagem.

- Cubra os substantivos a seguir e, depois, circule-os de acordo com a legenda.

○ substantivo concreto   ○ substantivo abstrato

alegria   biscoito

camisa   preguiça

calor   carro

gelo   frio

fome   celular

violão   inveja

calma   óculos

rosa   sede

amizade   humildade

Substantivos simples e composto

Substantivo simples é aquele formado por uma só palavra.
Substantivo composto é aquele formado por duas ou mais palavras.

- Separe os substantivos a seguir, escrevendo-os na coluna adequada.

paraquedas • bombom • beija-flor
pontapé • saca-rolhas • guarda
girassol • espada • flor-de-lis
guarda-chuva • bate-papo • rolha
passatempo • autoescola • Sol

substantivos simples	substantivos compostos com hífen	substantivos compostos sem hífen

Substantivo coletivo

> **Substantivo coletivo** é a palavra que, embora esteja no singular, indica um conjunto de pessoas, animais ou coisas.

- Copie as frases substituindo as imagens por palavras.

Ramalhete é o coletivo de 🌸.

Passarada é o coletivo de 🐦.

Constelação é o coletivo de ⭐.

Cardume é o coletivo de 🐟.

Enxame é o coletivo de 🐝.

- Observe e leia o modelo. Depois, continue o exercício seguindo-o.

A banana está madura.
As bananas estão [maduras].
O cacho está [maduro].

A abelha voa.
As abelhas _____.
O enxame _____.

O músico tocou na festa.
Os músicos _____.
A banda _____.

O peixe nada no mar.
Os peixes _____.
O cardume _____.

- Escreva os substantivos a seguir nas pautas e, depois, ligue-os a uma das classificações dadas.

batalhão

sorvete

medo

florista

sorveteria

estrela-do-mar

biblioteca

⭐ **primitivo**

⭐ **derivado**

⭐ **abstrato**

⭐ **coletivo**

⭐ **composto**

Treino ortográfico

x ou ch

- Escreva as palavras substituindo o símbolo 🙂 por *x* ou *ch* de acordo com as regrinhas.

a) Depois de **ditongo** emprega-se o **x**.

amei🙂a _____   fei🙂e _____

bai🙂ela _____   ei🙂o _____

bai🙂o _____   fai🙂a _____

cai🙂a _____   pei🙂e _____

b) Exceções após os ditongos:

recau🙂utar _____

gua🙂e _____

c) Depois de sílaba **me** emprega-se o **x**.

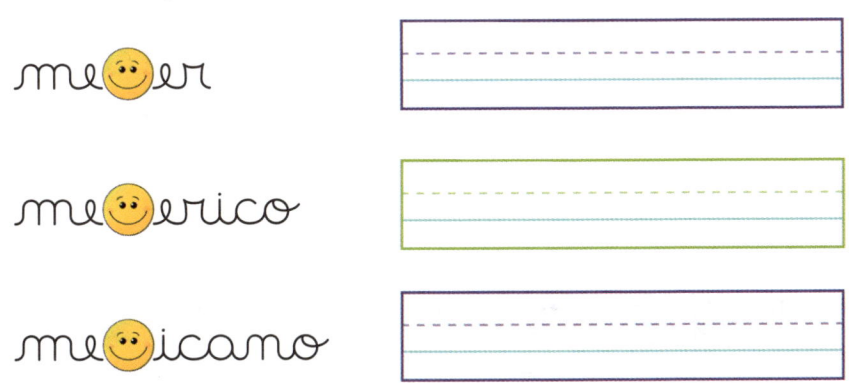

me🙂er _____

me🙂erico _____

me🙂icano _____

Atenção: a palavra **mecha** (de cabelo) escreve-se com **ch**.

d) Emprega-se **x** depois da sílaba **en**.

en☺ame

en☺ada

en☺ergar

en☺aqueca

Mas atenção! Use **ch** para escrever a palavra **encher** e suas derivadas:

en☺er   preen☺er   en☺ente

e) As palavras de origem indígena e africana são escritas com **x**.

ca☺ambu   ☺avante   abaca☺i

f) Outras palavras com **x**:

be☺iga   ca☺umba   fa☺ina

gra☺a   lagarti☺a   li☺a

lu◉o   ◉ale   ◉ampu

◉arope   ◉erife   ◉ícara

g) Exemplos de palavras com **ch**:

◉eque   ◉ave   ◉imarrão

◉inelo   ◉utar   co◉i◉o

col◉a   fa◉ada   fi◉a

fle◉a   mo◉ila   salsi◉a

ma◉ado   ◉u◉u

Gênero do substantivo

O substantivo representa dois gêneros: **feminino** e **masculino**. Diante dos **substantivos masculinos** usamos os artigos **o, os, um** e **uns**; diante dos femininos usamos **a, as, uma** e **umas**.

- Complete as pautas com o substantivo **masculino** ou **feminino**. Não se esqueça de colocar os artigos corretos! Veja o modelo.

Masculino	Feminino
O médico	A médica
	A diretora
	As professoras
Um homem	
Uns amigos	
	As primas
Um tio	
	Umas irmãs

- Cubra os substantivos masculinos e complete o diagrama com os respectivos substantivos femininos.

1. bode
2. cavalo
3. jabuti
4. pardal
5. burro
6. boi
7. carneiro

Alguns substantivos têm um só gênero, ou seja, são grafados da mesma maneira para indicar o feminino e o masculino.

O que determina se falamos de algo masculino ou feminino é o artigo. Veja:

- **Motorista** é um homem ou uma mulher?
- **A motorista** é uma mulher.
- **O motorista** é um homem.

• Complete o artigo de acordo com o gênero indicado para os substantivos. Na pauta, escreva o artigo e o substantivo no gênero oposto.

Masculino **Feminino**

o colega

___ jovem

___ flautista

___ dentista

a estudante

___ viajante

___ pianista

___ artista

Alguns substantivos que nomeiam certas espécies de animais têm uma só forma e um só artigo para ambos os gêneros. São os **substantivos epicenos**. Para distinguir qual é o sexo em questão, acrescenta-se a palavra **macho** ou **fêmea**.

- Escreva o masculino e o feminino dos substantivos **epicenos** seguindo os modelos.

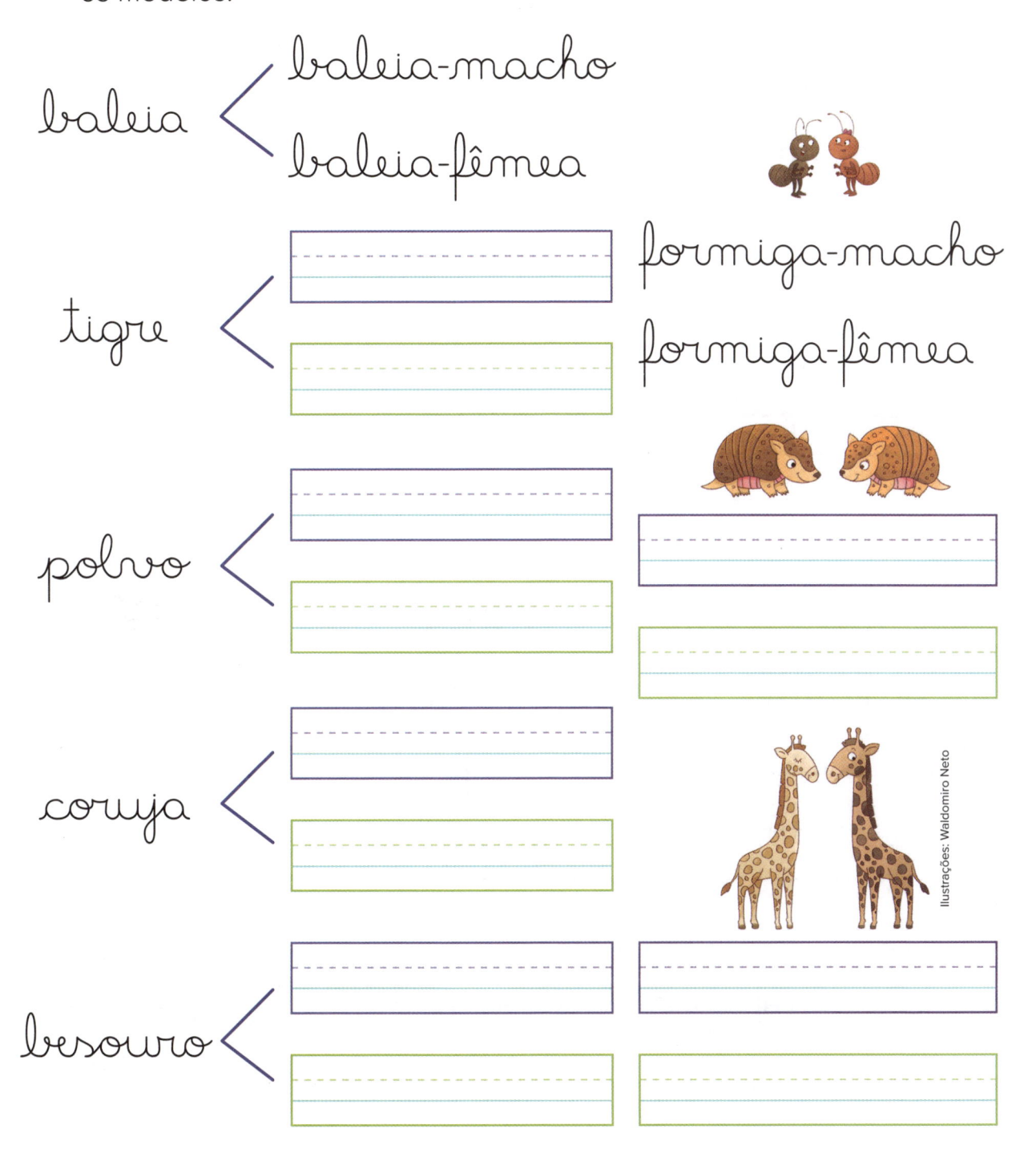

baleia — baleia-macho / baleia-fêmea

tigre — _____ / _____

formiga-macho / formiga-fêmea

polvo — _____ / _____

_____ / _____

coruja — _____ / _____

_____ / _____

besouro — _____ / _____

Número do substantivo

Substantivo singular: indica apenas um elemento.
Substantivo plural: indica mais de um elemento.

- Coloque as expressões no plural observando os modelos.

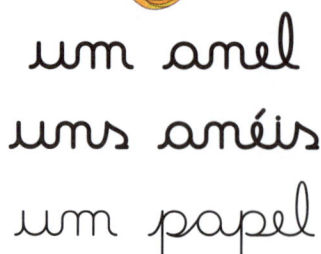

o animal	um anel	o anzol
os animais	uns anéis	os anzóis
um pardal	um papel	o caracol
o cafezal	o hotel	um cachecol

o funil	um réptil	o leão
os funis	uns répteis	os leões
um barril	o frágil	o botão
o canil	o ágil	o balão

uma rã	a mão	o pudim
umas rãs	as mãos	os pudins
a romã	um grão	o jardim
uma maçã	o irmão	um boletim

os doutores	os álbuns	as nuvens
o ator	o bombom	o jovem
o amor	um som	o patim

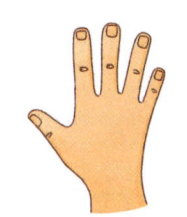

85

- Em alguns substantivos, o que indica se ele está no singular ou no plural é o artigo. Faça como o modelo.

o ônibus → os ônibus

o tênis →

o atlas →

o pires →

o lápis →

- Escolha dois substantivos do exercício anterior e, para cada um, escreva uma frase no:

a) singular;

b) plural.

Grau do substantivo

Diminutivo: designa o ser em tamanho pequeno.
Aumentativo: designa o ser em tamanho grande.

- Escreva o diminutivo e o aumentativo das palavras a seguir. Veja o modelo.

diminutivo	normal	aumentativo
coelhinho	coelho	coelhão
	ave	
	sapo	
	amigo	
	peixe	
	olho	
	chinelo	
	menino	
	Paulo	

Adjetivo

> **Adjetivo** é a palavra variável que acompanha o substantivo atribuindo-lhe uma característica.

- Escreva cinco adjetivos para cada personagem.

Uniformes

> Os adjetivos se classificam em **uniformes** e **biformes**.
> **Uniformes:** são os adjetivos que apresentam uma única forma para os dois gêneros.

- Passe as frases para o feminino e circule os adjetivos uniformes.

Este médico é competente.

O menino é inteligente e feliz.

O senhor está doente.

- Agora, passe as frases para o masculino e circule os adjetivos uniformes.

A cantora é alegre.

Que moça gentil!

A leoa é veloz.

Biformes

> Os adjetivos **biformes** têm uma forma para o masculino e outra para o feminino.

- Passe as frases para o feminino e circule os adjetivos biformes.

O garoto é esperto e bonito.

Este gato é manhoso.

Os alunos são muito estudiosos.

- Agora, passe as frases para o masculino e circule os adjetivos biformes.

A cantora é famosa e querida.

Que palhaça engraçada!

As patinhas são fofinhas.

Grau do adjetivo

Comparativo

É usado para comparar uma característica entre dois elementos ou duas características de um mesmo elemento.

- **Comparativo de igualdade:** tão, quanto ou como.
- **Comparativo de inferioridade:** menos, (do) que.
- **Comparativo de superioridade:** mais, (do) que.

- Observe os cachorrinhos e, usando o adjetivo **peludo**, escreva uma frase no grau indicado.

| Chico | Fred | Bob | Lilo |

a) Comparativo de igualdade.

b) Comparativo de inferioridade.

c) Comparativo de superioridade.

Treino ortográfico

Emprego dos sufixos ês, esa, ez, eza

> Os substantivos originados de um adjetivo são escritos com **eza**.

- Transforme os adjetivos a seguir em substantivos. Veja o modelo.

bravo — limpo — duro
braveza

gentil — lindo — certo

> Os substantivos femininos que indicam lugar de origem e título de nobreza são escritos com **esa**.

- Complete seguindo o modelo.

do Japão → japonês — japonesa

de Portugal →

da China →

da França →

da Irlanda →

Numeral

Numeral é a palavra que indica os seres em termos numéricos.
- **Cardinal** – indica o número, a quantidade: um, dois, três...
- **Ordinal** – indica ordem: primeiro, segundo, terceiro...
- **Multiplicativos** – indica um número múltiplo: dobro, triplo...
- **Fracionário** – indica número de partes ou fração: meio, metade.

- Cubra as frases. Depois, circule os numerais que aparecem nelas e classifique-os.

Eva se classificou em segundo lugar.

Luís nadou duzentos metros.

Daniel deu dois saltos triplos.

Hoje a vaca deu o dobro de leite.

Helena recebeu só um terço do salário.

- Ligue os numerais ordinais e descubra a figura. Depois, escreva os ordinais por extenso nas pautas.

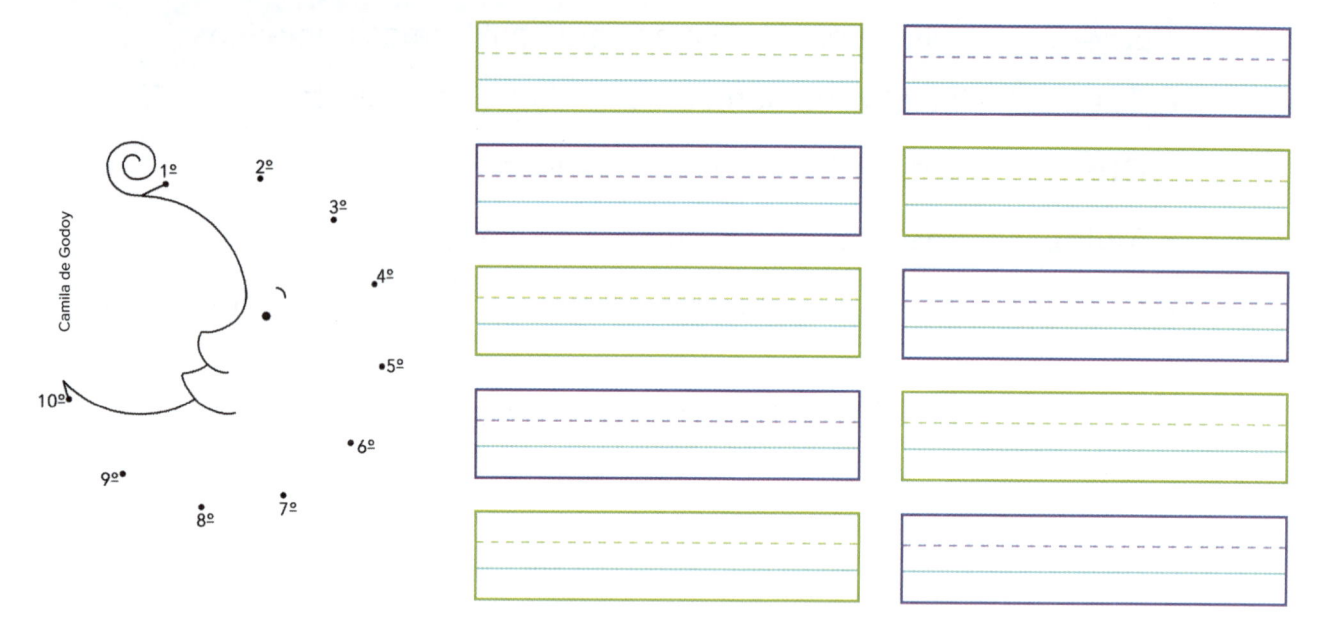

- Faça uma pesquisa de preços e responda às perguntas escrevendo os numerais cardinais por extenso.

Quanto custa

a) Uma bola de futebol?

b) Uma boneca?

c) Um sanduíche?

d) Um suco?

Pronome

Pronome é a palavra que substitui ou acompanha o substantivo.
É usado para representar o nome do ser e indicar as pessoas do discurso.

Tu

Eu

- Reescreva as frases trocando o 🙂 por um dos pronomes do quadro.

eu, tu, ele, ela, nós, vós, eles, elas

a) 🙂 canto bem.

b) 🙂 cantas bem.

c) 🙂 canta bem.

d) 🙂 canta bem.

e) 🙂 cantamos bem.

f) 🙂 cantais bem.

g) 🙂 cantam bem.

h) 🙂 cantam bem.

- Ligue corretamente.

3ª pessoa | eu - nós | pessoa com que se fala

1ª pessoa | tu - vós | pessoa de que se fala

2ª pessoa | ele - eles | pessoa que fala

- Cubra as frases e, depois, complete-as com um dos pronomes pessoais do caso oblíquo do quadro.

as
comigo
lhe
conosco
mim
me
se

Eu _____ chamo Pepeu.

Não se esqueça de _____.

Você pode conversar _____.

Você _____ lembra da Bia?

Mamãe enviou-_____ um abraço.

Vovó viaja _____ amanhã.

Convido-_____ para minha festa.

Pronome de tratamento

> Os **pronomes de tratamento** são usados para nos dirigirmos às pessoas.

- Escreva nas pautas os pronomes de tratamento e as indicações de quando usá-los.

Você é um amor!

Você – família ou amigos.

Senhor, senhora – pessoas de respeito.

Vossa Senhoria – cerimonioso.

Vossa Excelência – altas autoridades.

Vossa Magnificência – reitores.

Vossa Reverendíssima – sacerdotes e bispos.

Vossa Eminência – cardeais.

Vossa Santidade – Papa.

Vossa Onipotência – Deus.

Vossa Majestade – reis e rainhas.

Vossa Alteza – príncipes e duques.

Meritíssimo – juízes de direito.

Verbo

> **Verbo** é a palavra que indica ação, estado ou fenômeno da natureza.

- Circule cada verbo e indique se é: **ação**, **fenômeno da natureza** ou **estado**.

a) Ventava pouco.

b) As crianças brincam.

c) Ela era feliz.

d) Maria estava doente.

e) Chovia forte.

> Os verbos têm três conjugações. A 1ª conjugação termina em **ar**; a 2ª conjugação em **er** e **or**; a 3ª conjugação em **ir**.
> Exemplo: O peixe **nada**. ⟶ Na frase, há o verbo **nadar**. Logo, esse verbo pertence à primeira conjugação.

- Classifique os verbos a seguir quanto à conjugação.

dormir   pular   correr

Ilustrações: Danillo Souza

- Leia o texto e pinte os verbos classificando-os quanto à conjugação, de acordo com a legenda. Depois, escreva uma frase com um verbo da 2ª conjugação.

X **1ª conjugação**
X **2ª conjugação**
X **3ª conjugação**

De verdade, hein!

Os meninos
&
as meninas
não fofocam
no recreio,
não conversam
durante a aula,
nunca colam
e são loucos
por escola.

Os meninos
&
as meninas
lavam prato
quando comem,
falam baixo
quando brincam,
nunca colam
e são loucos
por escola.

Os meninos
&
as meninas
ficam calados
quando estudam,
arrumam a cama
quando acordam,
nunca colam
e são loucos
por escola.

Falando sério, hein!

Sérgio Capparelli. *Um elefante no nariz*. 7. ed. Porto Alegre: L&L, 2011. p. 16.

Sinônimos e antônimos

> **Sinônimos:** palavras com o mesmo significado.
> **Antônimos:** palavras com significado contrário.

- Escreva as frases nas pautas trocando as palavras que estão na cor azul por um sinônimo do quadro.

corajoso ★ esquisito ★ Escutei
saborosa ★ ruído ★ menino

a) Gente, que coisa deliciosa!

b) Ouvi um barulho estranho e saí correndo.

c) Tom é um garoto valente que mora em minha rua.

- Descubra no diagrama os antônimos das palavras e escreva-os nas pautas com letra cursiva. A primeira já foi encontrada.

A	M	G	U	R	S	A	D	I	O	B
S	U	J	O	C	L	D	N	H	I	O
Q	I	D	C	H	J	O	Q	U	U	N
I	T	O	R	E	H	R	S	C	K	I
A	O	V	R	I	Q	A	L	U	P	T
Y	N	T	S	O	R	R	I	R	X	O
S	S	E	T	L	A	Z	F	T	E	L
A	L	E	G	R	E	C	R	O	W	H

pouco — muito

longo —

vazio —

chorar —

detestar —

limpo —

doente —

feio —

triste —

102

Treino ortográfico

Palavras com xa, xe, xi, xo, xu

- Desembaralhe as letras, descubra as palavras e escreva-as nas pautas.

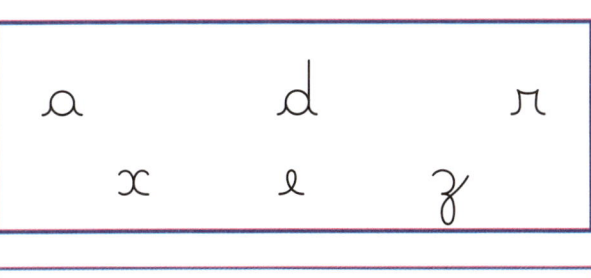

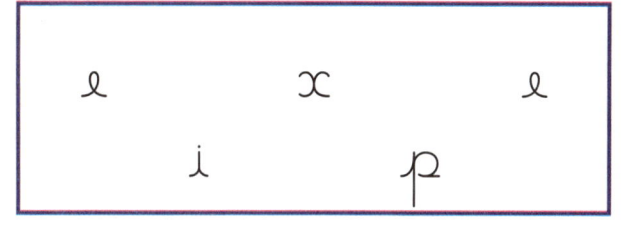

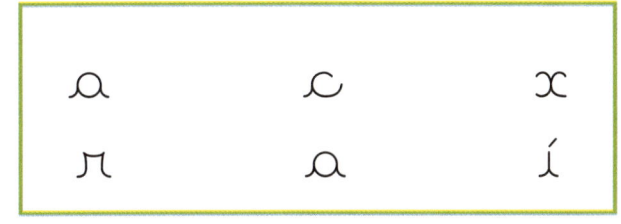

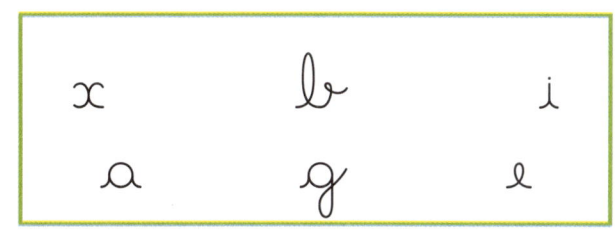

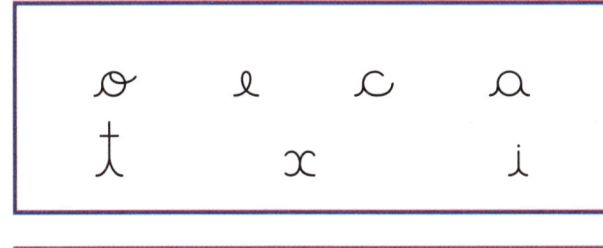

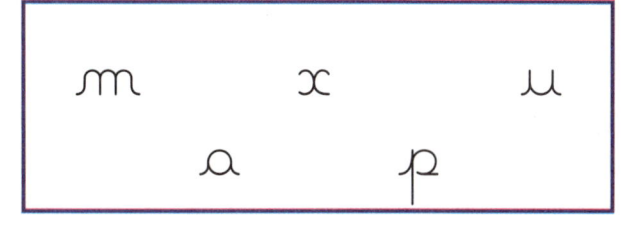

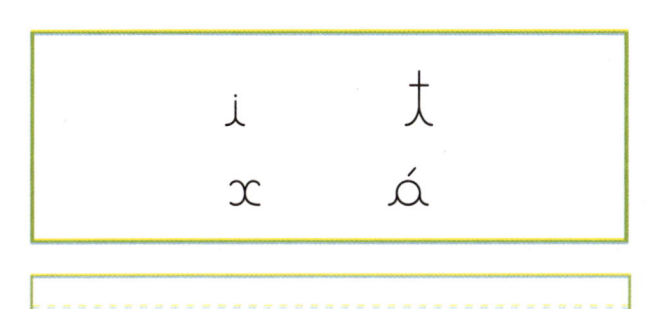

| a d r x e z | e x e i p |

| a c x r a í | x b i a g e |

| o e c a t x i | m x u a p |

| i t x á | m x a a e d |

Para ler e transcrever

Não valia

Juca chega machucado:
— O que foi, filhinho, diz!
— Foi um tombo estatelado!
Saiu sangue do nariz!

— Doeu muito! — diz o Juca.
— E você chorou? — Eu não!
— Você, quando se machuca,
Chora sempre: como, então?

— É que não valia a pena...
— Não valia? Como assim?
— Eu estava lá sozinho.
Quem teria dó de mim?

Tatiana Belinky. *Cinco trovinhas para duas mãozinhas*. 2. ed. São Paulo: Editora do Brasil, 2008. p. 20.

O Cravo e a Rosa

O cravo brigou com a rosa
Debaixo de uma sacada
O cravo saiu ferido
E a rosa despedaçada.

O cravo ficou doente
E a rosa foi visitar
O cravo teve um desmaio
E a rosa pôs-se a chorar.

A rosa fez serenata
O cravo foi espiar
E as flores fizeram festa
Porque eles vão se casar.

Cantiga popular.

Ontem, lá no ribeirão,
Botei meu barquinho na correnteza
Ia carregando o meu coração
Suspirando por tua beleza.

No rio navega o barco
O barco navega com o vento
E você sempre navega
Nas asas do meu pensamento.

Levi Ciobotariu. *A poesia das aves brasileiras*. 3. ed. São Paulo: Cortez, 2013. p. 22.

Entre livros e palavras,
teço uma história a contar.
Com frases coloridas,
um poema vou formar.

Texto escrito especialmente para esta obra.

É pra dançar?

Requebra, sacode, balança
Enquanto a música tocar
Não vou parar de dançar.

E caso a música pare,
Continuo a gingar,
Para não enferrujar.

Texto escrito especialmente para esta obra.

Introdução à Língua Inglesa

Expressões

- Cubra as palavras dos balões e veja o significado da fala de cada personagem. Depois, transcreva várias vezes as expressões de cumprimento em inglês.

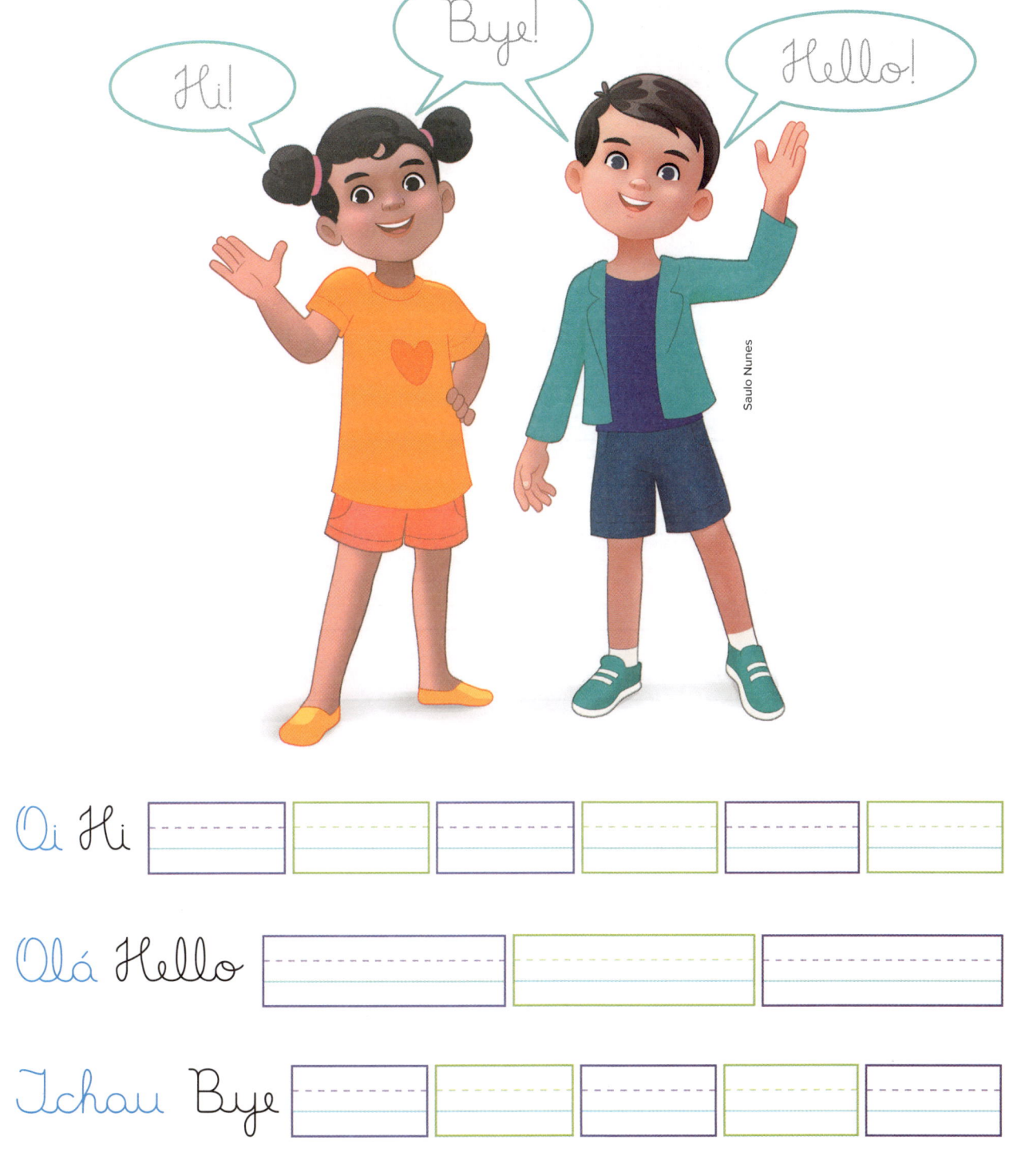

Oi Hi

Olá Hello

Tchau Bye

> What is your name?

> My name is Ana!

Qual é o seu nome?
What is your name?

Meu nome é...
My name is...

- Leia e escreva duas vezes as expressões em inglês nas pautas.

Por favor! Please!

Obrigado!
Thank you!

Com licença!
Excuse me!

Desculpa! Sorry!

Familiares

- Observe cada membro da família e, usando letra cursiva, escreva cada palavra duas vezes nas pautas.

114

- Escreva as palavras em inglês nas pautas e ilustre-as.

tio

uncle

tia

aunt

neto

grandson

neta

granddaughter

Dependências da casa

- Aprenda e treine a escrita do nome em inglês de algumas dependências da casa escrevendo-os nas pautas. Depois, pinte a ilustração.

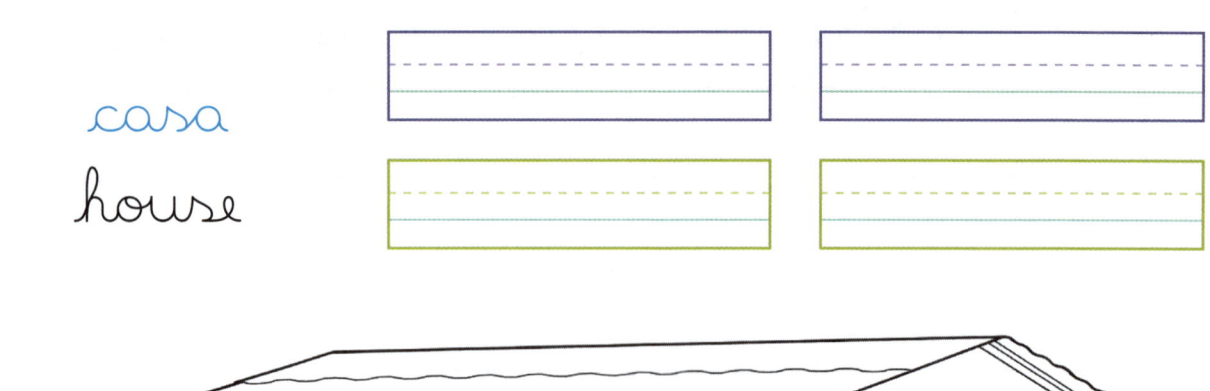

casa
house

bathroom

kitchen

bedroom

living room

- Agora, transcreva a palavra em inglês a seguir e ilustre-a.

jardim — *garden*

117

Escola

- Escreva as palavras em inglês duas vezes e ilustre-as.

escola
school

professora
teacher

sala de aula
classroom

estudante
student

- **Observe cada imagem e leia o nome dela em inglês. Depois, complete as palavras com as letras que faltam e escreva-as nas pautas**

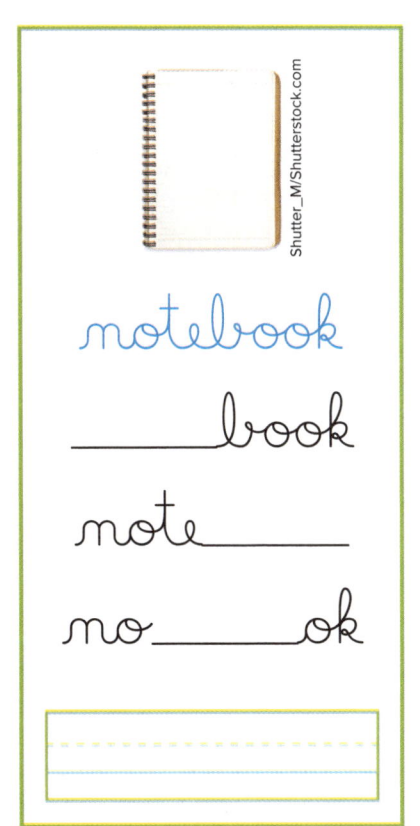

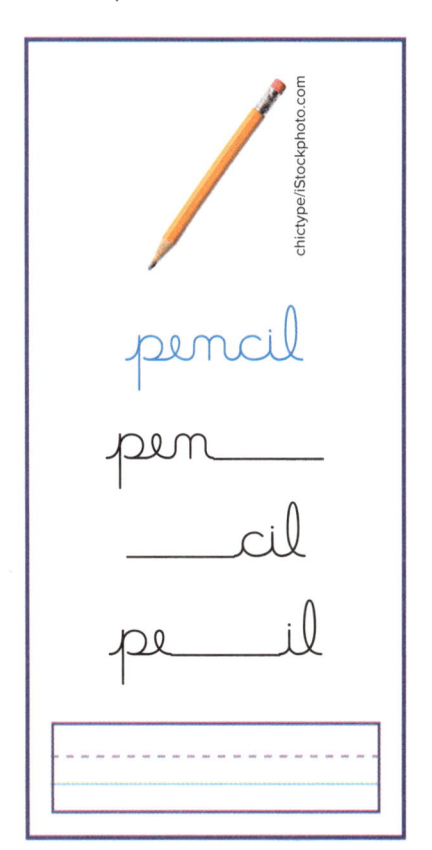

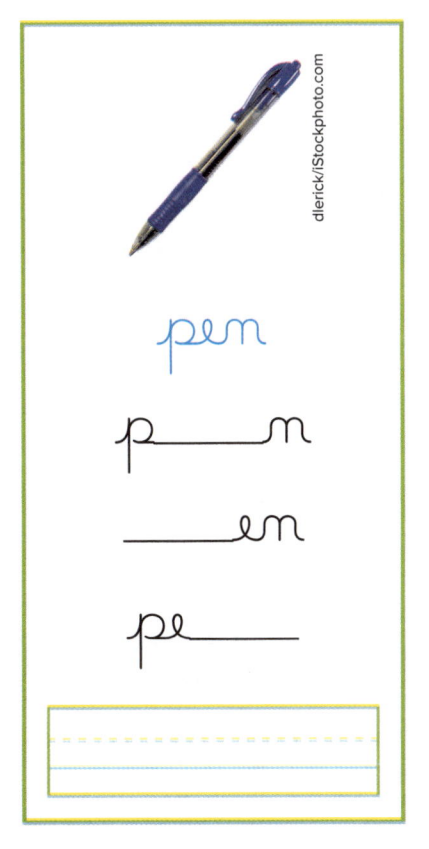

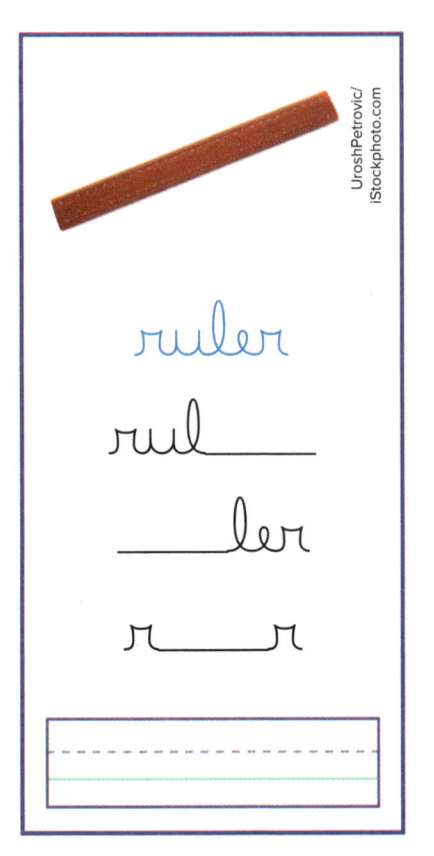

book

b___k
bo___
___ok

notebook

___book
note___
no___ok

pencil

pen___
___cil
pe___il

pen

p___n
___en
pe___

ruler

rul___
___ler
r___r

eraser

e___ser
era___
___ser

desk

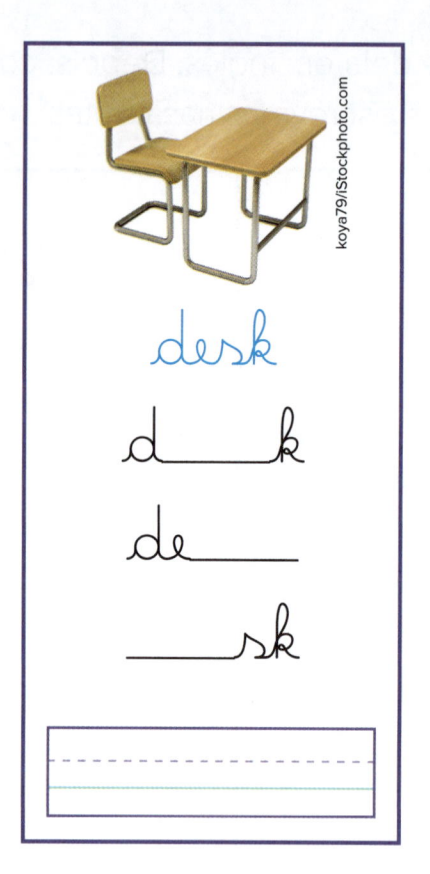

d___k

de___

___sk

blackboard

___board

black___

bla___ard

- Sublinhe o nome do local da escola de que você mais gosta. Depois, pinte a ilustração correspondente a ela.

laboratório de informática
computer lab

biblioteca
library

120

- Encontre e pinte no diagrama o nome em inglês dos objetos a seguir. Depois, escreva-os nas pautas.

s	p	e	m	c	r	e	d	y	r
f	v	r	k	s	u	r	g	s	u
g	s	a	h	p	e	m	c	i	l
h	a	s	l	o	h	p	a	x	e
t	e	e	g	o	s	g	b	f	r
l	r	r	j	g	m	b	o	o	f
l	y	b	s	w	r	r	o	t	u
n	o	t	e	b	o	o	k	e	p

Nome de animais

- Ligue o nome de cada animal à sua imagem, depois escreva cada um deles nas pautas.

dog   cat   rabbit   bird

- lion

- tiger

- elephant

- monkey

123

- Descubra o nome de cada animal em inglês seguindo os tracejados. Depois, escreva-os nas pautas.

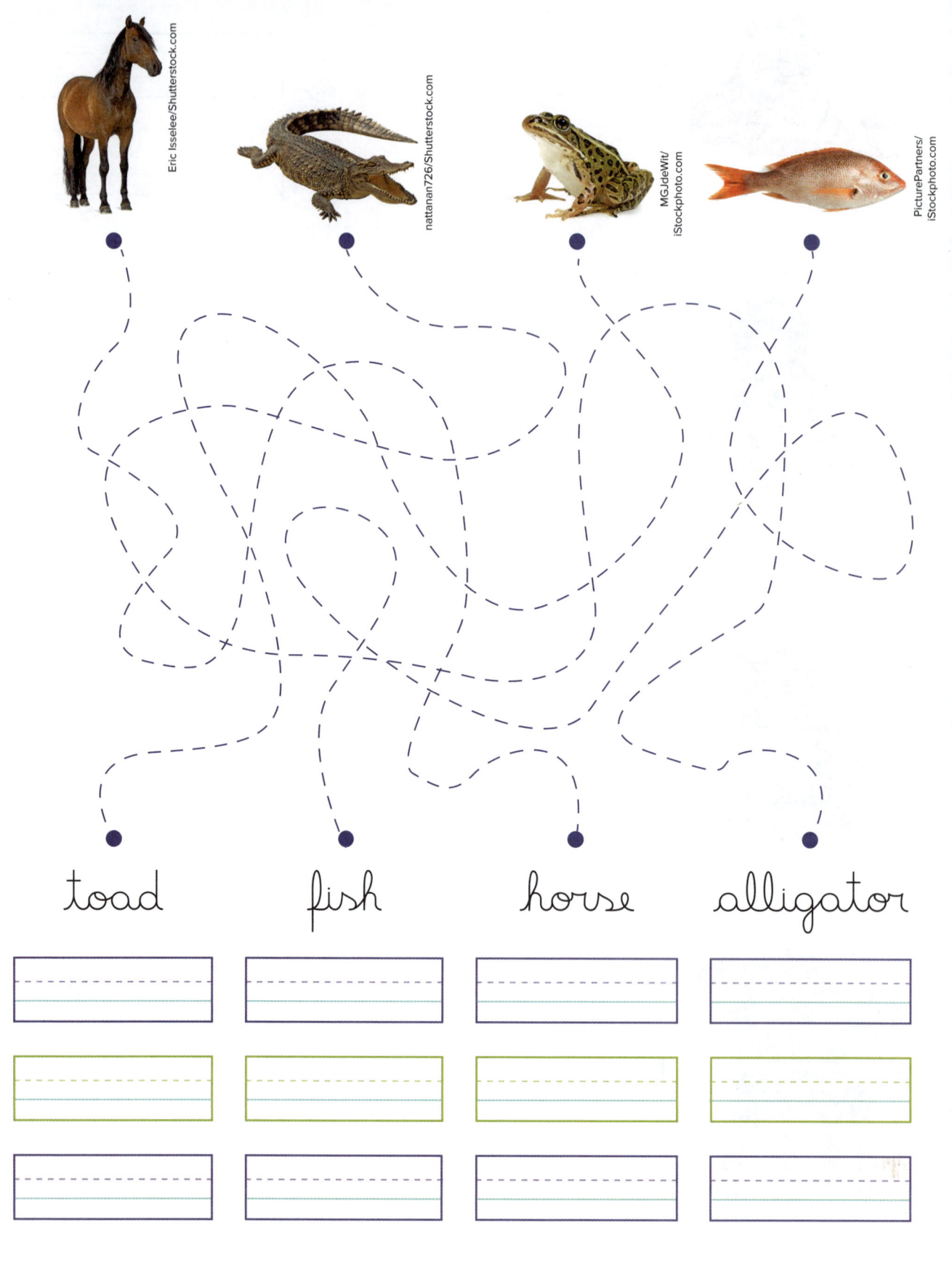

toad   fish   horse   alligator

Cores

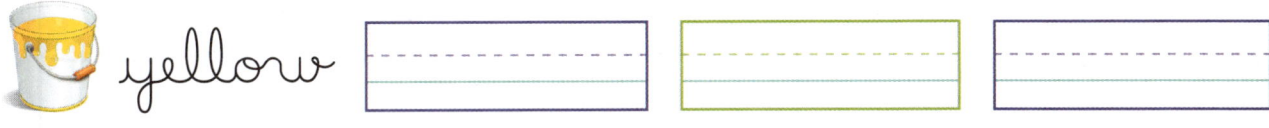

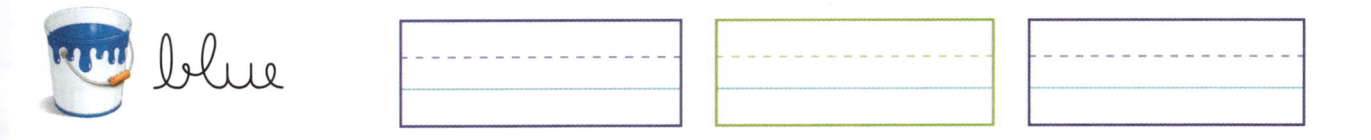

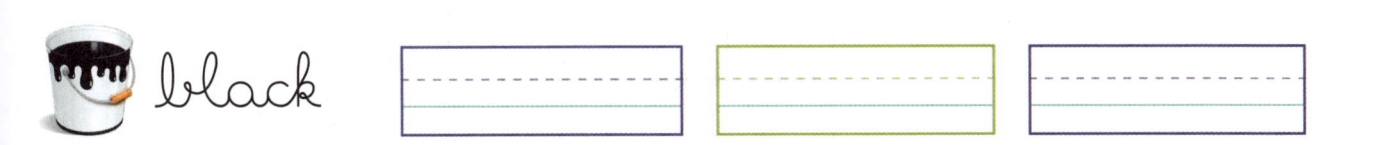

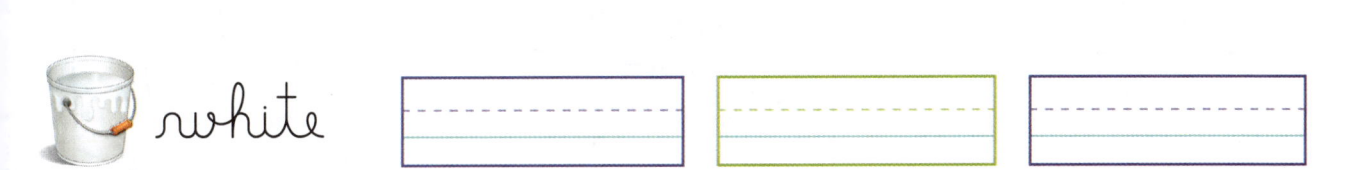

- Aprenda o nome de algumas cores escrevendo-os nas pautas.

red

green

orange

yellow

blue

pink

black

white

brown

• Escreva nas pautas o nome das cores e pinte cada parte das imagens de acordo com as indicações.

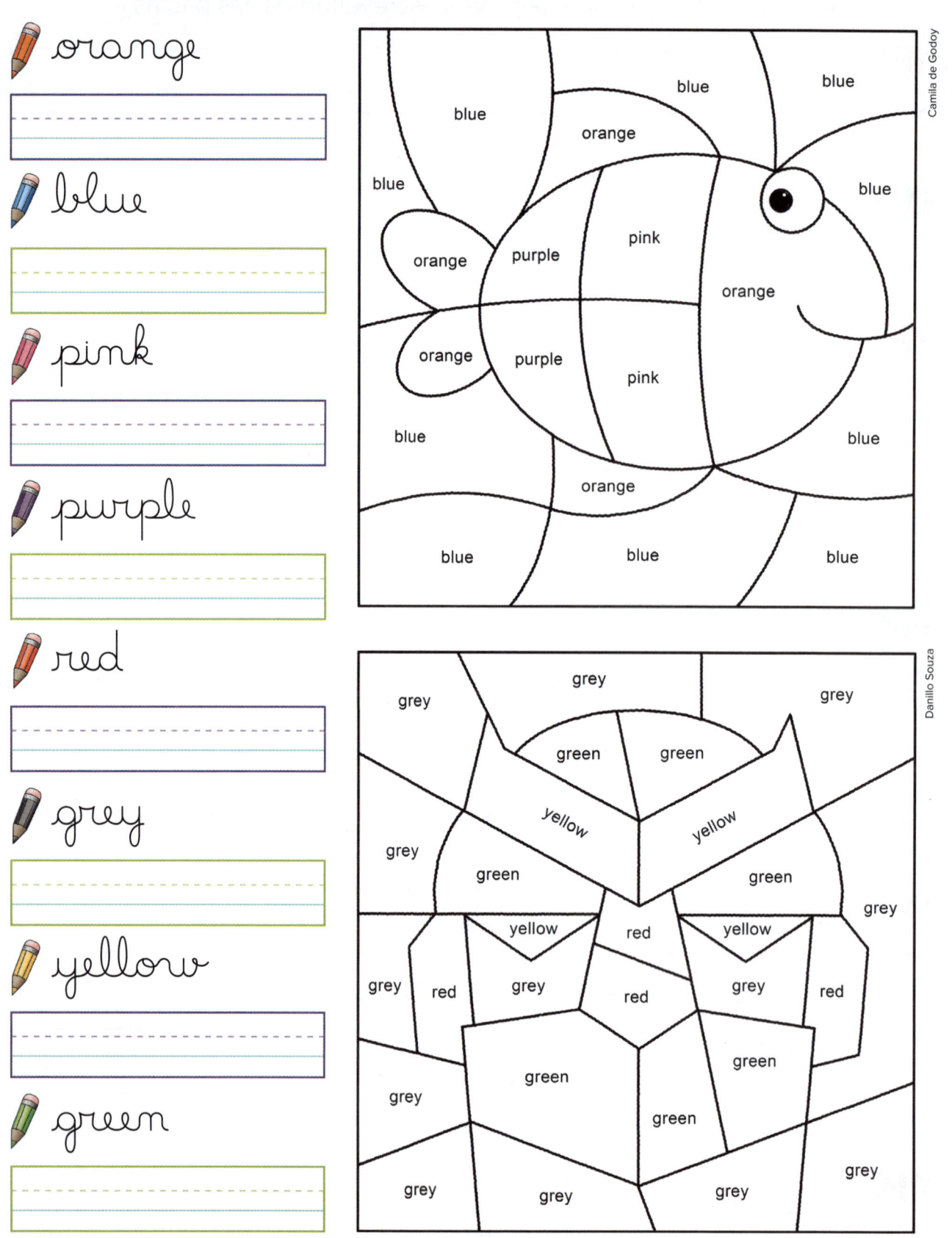

- orange
- blue
- pink
- purple
- red
- grey
- yellow
- green

Números

- Aprenda os números de 1 a 20 em inglês escrevendo os nomes deles nas pautas.

1 one

2 two

3 three

4 four

5 five

6 six

7 seven

8 eight

9 nine

10 ten

11 eleven

12 twelve

13 thirteen

14 fourteen

15 fifteen

16 sixteen

17 seventeen

18 eighteen

19 nineteen

20 twenty